浦江迎会

浦江迎会

总主编　金兴盛

浙江省非物质文化遗产代表作丛书

浙江摄影出版社

徐方镇　主编

周春德　编著

总 序

中共浙江省委书记
省人大常委会主任 夏宝龙

　　非物质文化遗产是人类历史文明的宝贵记忆，是民族精神文化的显著标识，也是人民群众非凡创造力的重要结晶。保护和传承好非物质文化遗产，对于建设中华民族共同的精神家园、继承和弘扬中华民族优秀传统文化、实现人类文明延续具有重要意义。

　　浙江作为华夏文明发祥地之一，人杰地灵，人文荟萃，创造了悠久璀璨的历史文化，既有珍贵的物质文化遗产，也有同样值得珍视的非物质文化遗产。她们博大精深，丰富多彩，形式多样，蔚为壮观，千百年来薪火相传，生生不息。这些非物质文化遗产是浙江源远流长的优秀历史文化的积淀，是浙江人民引以自豪的宝贵文化财富，彰显了浙江地域文化、精神内涵和道德传统，在中华优秀历史文明中熠熠生辉。

　　人民创造非物质文化遗产，非物质文化遗产属于人民。为传承我们的文化血脉，维护共有的精神家园，造福子孙后代，我们有责任进一步保护好、传承好、弘扬好非物质文化遗产。这不仅是一种文化自觉，是对人民文化创造者的尊重，更是我们必须担当和完成好的历史使命。对我省列入国家级非物质文化遗产保护名录的项目一项一册，编纂"浙江省非物质文化遗产代表作丛书"，就是履行保护传承使命的具体实践，功在当代，惠及后世，有利于群众了解过去，以史为鉴，对优秀传统文化更加自珍、自爱、自觉；有利于我们面向未来，砥砺勇气，以自强不息的精神，加快富民强省的步伐。

党的十七届六中全会指出，要建设优秀传统文化传承体系，维护民族文化基本元素，抓好非物质文化遗产保护传承，共同弘扬中华优秀传统文化，建设中华民族共有的精神家园。这为非物质文化遗产保护工作指明了方向。我们要按照"保护为主、抢救第一、合理利用、传承发展"的方针，继续推动浙江非物质文化遗产保护事业，与社会各方共同努力，传承好、弘扬好我省非物质文化遗产，为增强浙江文化软实力、推动浙江文化大发展大繁荣作出贡献！

（本序是夏宝龙同志任浙江省人民政府省长时所作）

前　言

浙江省文化厅厅长　金兴盛

　　国务院已先后公布了三批国家级非物质文化遗产名录，我省荣获"三连冠"。国家级非物质文化遗产项目，具有重要的历史、文化、科学价值，具有典型性和代表性，是我们民族文化的基因、民族智慧的象征、民族精神的结晶，是历史文化的活化石，也是人类文化创造力的历史见证和人类文化多样性的生动展现。

　　为了保护好我省这些珍贵的文化资源，充分展示其独特的魅力，激发全社会参与"非遗"保护的文化自觉，自2007年始，浙江省文化厅、浙江省财政厅联合组织编撰"浙江省非物质文化遗产代表作丛书"。这套以浙江的国家级非物质文化遗产名录项目为内容的大型丛书，为每个"国遗"项目单独设卷，进行生动而全面的介绍，分期分批编撰出版。这套丛书力求体现知识性、可读性和史料性，兼具学术性。通过这一形式，对我省"国遗"项目进行系统的整理和记录，进行普及和宣传；通过这套丛书，可以对我省入选"国遗"的项目有一个透彻的认识和全面的了解。做好优秀传统文化的宣传推广，为弘扬中华优秀传统文化贡献一份力量，这是我们编撰这套丛书的初衷。

地域的文化差异和历史发展进程中的文化变迁，造就了形形色色、别致多样的非物质文化遗产。譬如穿越时空的水乡社戏，流传不绝的绍剧，声声入情的畲族民歌，活灵活现的平阳木偶戏，奇雄慧黠的永康九狮图，淳朴天然的浦江麦秆剪贴，如玉温润的黄岩翻簧竹雕，情深意长的双林绫绢织造技艺，一唱三叹的四明南词，意境悠远的浙派古琴，唯美清扬的临海词调，轻舞飞扬的青田鱼灯，势如奔雷的余杭滚灯，风情浓郁的畲族三月三，岁月留痕的绍兴石桥营造技艺，等等，这些中华文化符号就在我们身边，可以感知，可以赞美，可以惊叹。这些令人叹为观止的丰厚的文化遗产，经历了漫长的岁月，承载着五千年的历史文明，逐渐沉淀成为中华民族的精神性格和气质中不可替代的文化传统，并且深深地融入中华民族的精神血脉之中，积淀并润泽着当代民众和子孙后代的精神家园。

岁月更迭，物换星移。非物质文化遗产的璀璨绚丽，并不意味着它们会永远存在下去。随着经济全球化趋势的加快，非物质文化遗产的生存环境不断受到威胁，许多非物质文化遗产已经斑驳和脆弱，假如这个传承链在某个环节中断，它们也将随风飘逝。尊重历史，珍爱先人的创造，保护好、继承好、弘扬好人民群众的天才创造，传承和发展祖国的优秀文化传统，在今天显得如此迫切，如此重要，如此有意义。

非物质文化遗产所蕴含着的特有的精神价值、思维方式和创造能力，以一种无形的方式承续着中华文化之魂。浙江共有国家级非物质文化遗产项目187项，成为我国非物质文化遗产体系中不可或缺的重要内容。第一批"国遗"44个项目已全部出书；此次编撰出版的第二批"国遗"85个项目，是对原有工作的一种延续，将于2014年初全部出版；我们已部署第三批"国遗"58个项目的编撰出版工作。这项堪称工程浩大的工作，是我省"非遗"保护事业不断向纵深推进的标识之一，也是我省全面推进"国遗"项目保护的重要举措。出版这套丛书，是延续浙江历史人文脉络、推进文化强省建设的需要，也是建设社会主义核心价值体系的需要。

在浙江省委、省政府的高度重视下，我省坚持依法保护和科学保护，长远规划、分步实施，点面结合、讲求实效。以国家级项目保护为重点，以濒危项目保护为优先，以代表性传承人保护为核心，以文化传承发展为目标，采取有力措施，使非物质文化遗产在全社会得到确认、尊重和弘扬。由政府主导的这项宏伟事业，特别需要社会各界的携手参与，尤其需要学术理论界的关心与指导，上下同心，各方协力，共同担负起保护"非遗"的崇高责任。我省"非遗"事业蓬勃开展，呈现出一派兴旺的景象。

"非遗"事业已十年。十年追梦，十年变化，我们从一点一滴做起，一步一个脚印地前行。我省在不断推进"非遗"保护的进程中，守护着历史的光辉。未来十年"非遗"前行路，我们将坚守历史和时代赋予我们的光荣而艰巨的使命，再坚持，再努力，为促进"两富"现代化浙江建设，建设文化强省，续写中华文明的灿烂篇章作出积极贡献！

2013年11月20日

目录

序言 // PREFACE

　　浦江迎会,有"中国一绝"之称。2005年,"浦江迎会"被列入第一批浙江省非物质文化遗产名录;2008年,被列入第二批国家级非物质文化遗产名录。

　　浦江迎会始于黄宅,黄宅迎会起源于黄姓的"迎巧"。南宋末年,黄宅黄氏后裔为纪念祖先"九龙门第"之荣耀,创制会桌,因"巧"为主要的艺术特色,所以称"迎巧"。明洪武年间,金华各地行祭祀胡公之俗,官岩山下六村五姓为抢接胡公,意见不一,里人黄佛寄出面调停,提出"六村五姓都不接,让黄姓'迎巧'代表大家接胡公"的意见。此意见得到大家一致赞同而平息了纷争,于是"迎巧"便过渡到"迎会"。又因农历八月十三,既是黄宅黄氏始祖黄伟从浦阳东市(街)迁至黄宅的定居日,又是胡公的生日,这一日便成了黄宅一带的旧庙会。逢庙会,便迎会,便演戏。上午迎会接胡公,下午、晚上演太公戏。

　　由此可见,南宋为浦江迎会的始创期,明代为浦江迎会的发展期。而浦江迎会的鼎盛期是在清代,20世纪80年代改革开放后为浦江迎会的弘扬传承期。

　　浦江迎会,由会桌、抬扛、会栅、抬会人、站会小演员五部分组成,又称"抬阁"。迎会以我国传统戏剧人物造型为主体,加以艺术设计,以奇、险、巧取胜,使人感到新鲜、奇丽。而每台戏的选择又以利市、吉祥、威武、俏丽为本,以示政通人和、国泰民安、风调雨顺,并满足观众的审美情趣。浦江迎会根据会桌上不同的故事情节取会名,一张会桌,就是一台戏，如《孙悟空借扇》、《劈山救母》、《姜太公钓鱼》、《三请梨花》、《借伞》、《蟠桃盛会》等。每桌挑选数名三至五岁活泼秀丽的童男童女，演绎传统戏剧中某一场面，或悬空而立，或凌空飞舞，由四至十六名青壮年抬着行走。在行走中扮演者变换造型，千姿百态，神采各异，尽显其奇、巧、险之特色。迎会是游动的戏剧，迎会是灵动的杂技雕塑。

迎会时，以铜铳、铁铳开路，龙虎旗、长旗、华盖等为先导，在大锣鸣道下，会桌和什锦班紧随其后，队伍庞大，气势壮观。

浦江迎会保留了我国尤其是浙中和江南沿海一带以民众信仰为特点的传统民间文化，保留了戏剧、杂技等民间艺术的原生形态。它具有不可替代的民俗研究价值和民间艺术传承功能，对推动经济发展和建设和谐社会意义重大。浦江迎会，是浦江人民智慧的结晶，是中华民族传统文化的奇葩。

保护文化遗产，既是历史的责任，又是时代的要求，也是人民的重托。尤其在文化底蕴深厚无比的浦江，更是一项艰巨而又长期的任务。作为21世纪的文化人，我们愿和浦江人民一道保护、传承，并不断发展弘扬浦江迎会。我们坚信：在非物质文化遗产保护春风的吹拂下，浦江迎会这一艺术奇葩，一定会越来越鲜艳。

浦江县文化广电新闻出版局局长　徐方镇

2014年5月25日

概述

浦江迎会，原名叫迎巧，这一民间艺术千年来来皆享有『中国一绝』之誉。2005年，『浦江迎会』被列入第一批浙江省非物质文化遗产名录；二〇〇八年，被列入第二批国家级非物质文化遗产名录。

概述

[壹]浦江迎会名称的由来

迎会，又称抬阁。浦江迎会，原名叫迎巧，这一民间艺术千年来皆享有"中国一绝"之誉。2005年，"浦江迎会"被列入第一批浙江省非物质文化遗产名录；2008年，被列入第二批国家级非物质文化遗产名录。

迎会，为什么又称抬阁呢？顾名思义，这是一项由人抬着孩童

2013年春节寿溪村迎会

站立抬阁且歌且舞的群众性民间艺术活动，相传此项活动还与孔子有点关系。"村人高抬童孩歌舞以送孔子，以祭圣人，遂谓抬阁，遂成年节迎神之会，故迎会以抬阁娱乐之技出现。"通过这段记述，我们可以断定，这一活动的起因是祭神娱人，整个活动冠名"迎会"，而抬阁是迎会的主要表演节目。这一节目的初始是抬着孩童载歌载舞，俗称"抬歌"，与"抬阁"谐音。后来，抬阁的艺术造型和技术设计不断向高层发展，尽显亭台楼阁之态，后人便以形定名，称抬歌为抬阁，这就是迎会又称抬阁的缘由。

迎会是迎神赛会的简称。浦江迎会最早始于黄宅，黄宅迎会起源于黄姓的迎巧。

南宋末年，黄宅黄氏后裔为纪念祖先"九龙门第"的荣耀，创制会桌。因会桌以"巧"为主要艺术特色，所以当时把这一文娱活动称为迎巧。

明洪武时期，官岩山下六村五姓为抢接胡公意见不一，黄佛寄公出面调停，提出"六村五姓都不接，让黄姓'迎巧'代表大家接胡公"的意见。此意见获得大家一致赞同而平息了纷争，于是，黄宅迎巧便更名为浦江迎会。这便是浦江迎会始于黄宅，黄宅迎会起源于黄姓迎巧的来由。

为此，我们可以这样认定，抬阁是以形定名，迎巧是以艺术特色命名，而迎会涵盖整个活动，是抬阁和迎巧的总称。

[贰]浦江迎会的起源、发展和现状

浦江迎会始于黄宅，黄宅迎会始于黄姓。

据《黄氏宗谱》载：浦阳黄氏开基始祖是江夏黄氏大始祖黄香第九世孙黄苾。当时的金陵（南京）镇守长官吴英，为浦阳（浦江县）人，年迈无子，只生一女。他见黄苾文武双全，为人忠耿，胸怀大志，便将自己的女儿嫁与黄苾。在隋末大业年间（605—616年），战祸连绵，翁婿俩为避战乱，携带家眷，偕归家乡隐居浦阳。自迁徙浦阳后，其子孙后裔繁衍极其兴旺发达，便成为东南的黄姓大族——金华浦阳黄氏族。黄苾被尊为"浦阳黄氏始祖"，族谱中简称为按察公。

黄苾生于陈太建十四年（582年），卒于唐贞观十一年（637年）。其妻吴氏生于陈至德三年（585年），卒于唐贞观十六年（642年），夫妇合葬于今浦阳城北（老县基地段）。

黄宅黄氏迁始祖黄伟系黄苾的第二十五代孙。黄伟，字公宪，在宋元符一年（1098年）官授太学兼著作郎，历官承务郎。配翁氏，生一子黄亶。黄伟父子在宋靖康年间（1126—1131年）由浦阳太极宫迁至浦阳东乡十八都合溪长塘（黄宅）定居。

黄伟之子黄亶，字信之，南宋淳熙乙未年（1175年）进士。配陈氏，继娶吴氏，生五子震、石、霖、零、鼎。兄弟五人中，零一枝独秀，他娶了大水陈氏陈翁的三女为妻。陈翁长女早逝；复以次女妻之，无子；又以幼女妻之。一家三女嫁一夫，人说，"陈翁有知人之明，超人之德"。结果黄零四子十二孙，个个成才，人人出色。父子两代，获得了"四子三进士"、"十二孙九进士"的殊荣，黄家成为当时的名门望族，称"九龙门第"，有家谱载诗为证："望重江南五大族，恩容宋室九龙家。"

南宋德祐元年（1275年），时逢恭宗赵显即位登基，普天同庆。黄氏后裔一为纪念始迁祖黄伟和九龙门第的荣耀，二为感谢皇恩，定农历八月十三日（这一日是黄伟迁到黄宅定居的日子）创制会桌，举行迎巧。

宋至元代，黄氏的迎巧仅限于黄宅一带黄姓的村庄。到了明代洪武年间，官岩山下附近的六村五姓（即钟、洪、郑、于、蒋）为争接胡公祭祀发生争吵，差一点闹出人命。为平息纷争，人们只好请黄门名士恭五公出面调停。

恭五公，字佛寄，黄氏家谱称他为一方名士，虽不为官，却在当地威望颇高。结果大家采纳了他"五姓都不接，让黄姓代表大家以迎巧形式接胡公"的意见而平息了纷争。这就是金华等其他地方采用斗牛、社戏方式祭祀胡公，浦江为什么会用独具一格的迎会接胡公的原因。

胡公，名则，字子正，浙江永康人。北宋端拱二年（989年）考取进士，为金华有史以来第一个取得进士功名的文人，历任北宋礼部郎中、工部侍郎等职。明道元年（1032年），江淮大旱，饿殍遍地。胡则上疏求免江南各地身丁钱，皇上不许。胡则回家唉声叹气，茶饭不思，第三个妻子（三娘娘）见状问知原委，劝他别急，明天上朝自有办法。次日一早，胡则临行前，妻从头上拔下一根玉簪，交给他，嘱他到了朝上，把玉簪插到堂中央。胡则依计而行。上朝时，他假装俯身扣靴，偷偷地把三夫人给他的玉簪插到大殿中央，一会儿只见玉簪变成了一株挺拔的玉笋，越来越粗，越长越高，眼看就要掀开朝堂的房顶，这下慌了满朝文武百官，皇上下令拿斧头来砍。结果太监一斧头砍下去，血喷如柱，朝堂满地鲜红，百官们用布、棉花等都无法止住如柱血流。皇上急了，问，谁有办法止血？

　　这时，胡则上奏，说，有一样东西可止血，就是怕皇上不许。皇上说只要能止血，任何东西都可以拿来用。胡则接到圣旨赶紧冲到库房内，挑出了江南各地的丁口册，一张张糊到喷血口上，丁口册糊完，血也止住了。

　　第二天，皇帝来到金銮殿仔细一看，撕掉的丁口册都是浙江的。看着丢了一地的字迹不清的丁口册，明白无法再在江南纳收身丁钱，皇帝顿时龙颜大怒，急令捕杀胡则。胡则却早已逃出京城。他逃到浙江时已人困马乏，只得停下休息，现在民间流传的"头桐青、二桐木、三官岩，四德胜，五方岩"就是当年胡则先后歇脚之处。后人感恩戴德，分别在浦江桐青殿、桐木殿、官岩山、义乌德胜岩和永康方岩五处地方塑了胡则的金身以祭祀,并尊之为"胡公大帝"。

为此,每年农历八月十三,民间常常闹出一些为抢接胡公祭祀的纷争来,伤了村与村、姓与姓之间的和气。这一年,官岩山下六村五姓吵得特别凶,谁也不肯让谁,幸亏恭五公一锤定音,用迎巧的方式代表大家接胡公,大家都满意。

如果说,浦江迎会的产生,"九龙门第"功不可没,那么,浦江迎会的壮大与发展,实在应该为恭五公黄佛寄的推动和促进记上一笔。

恭五公黄佛寄调停官岩山下六村五姓纷争后,浦江迎会范围由黄姓一门推至黄宅一带。内容从单一的纪念始迁祖黄伟和感谢皇

2013年春节寿溪会桌

恩，扩大到迎接胡公大帝。

农历八月十三，既是黄宅先祖黄伟的始迁日，又是胡公大帝的生日，所以逐渐形成八月十三日的黄宅庙会。每年逢庙会便演戏，便迎会。上午迎会接胡公，下午演太公戏，均成习俗。新中国成立后，这一天改为物资交流会。沿至今日，八月十三这一日子对浦江人民来说，仍然十分重要。

毫无疑问，节日是文娱活动的平台，文娱活动（如迎会等）使节日更繁华更长久，更富有内涵。这就是民众信仰、民众求乐的自身文化需要，也是浦江迎会由黄姓扩大到黄宅一带，再由黄宅广泛传遍浦江乃至江南沿海地区，并且长盛不衰的根本原因。

明代时，恭五公黄佛寄用黄氏迎会代表大家接胡公之举，其意义不但在于平息了官岩山下的六村五姓之争，增强了乡民的大团结，更主要的是从此打破了迎会只限黄姓一族、黄宅一带的格局，使迎会这一民间艺术奇葩在浦江各地，甚至江南沿海各地广泛生根开花。

黄宅，位于浦江县东部，距县城10千米，紧邻义乌，是浦江盆地中心，四周青山如黛，岩城连绵。北枕鸡冠，隐之云表；东侧官岩，雄视一方；西望仙华，若芙蓉翠莲，亭亭秀出；南侧金鸡、大象、龟山守口，群峰屏峙，呈万马奔腾之势。而境内平原沃土、田园错落，山溪绕盘，林木葱茏，景色如画，浦阳江潺潺绕境而过。其远山之青翠，居址之伟丽，江流之汇洋，田园之丰美，为历代文人墨客所赞赏，有一方佳境之誉。坐落于镇内渠南村的"上山遗址"，2004年据浙江省文物专家发掘，并经碳十四鉴定证实，这里是迄今发现最早的人类新石器时代的遗址，水稻种植早河姆渡约三千年，是世界农业文明的最早发源地之一。无疑，农业文明为经济发展、文化繁荣奠定了坚实的基础。

黄宅，明清时称灵泉乡十七都、十八都，民国时期为古城乡，现为镇人民政府所在地，下辖190个自然村，人口约10万，总面积68.75平方千米，共有108个姓氏。

迎会流行的区域，既然从黄氏一姓拓展为黄宅108姓，那么，从黄宅拓展到浦江，再从浦江流传江南便顺理成章。

以浦江为例，至清代，迎会已成为民间的一项重大而又普遍的

村中迎会

文化活动，内容也越来越丰富。从纪念先祖、纪念胡公，进而发展为庆贺圆谱、大桥落成、寺庙竣工等重大事件。在取得丰收时人们也举办迎会，以寄托感谢上天、祈求上天保佑来年风调雨顺等愿望。但千变万化不离其宗：祭神娱人。

《民国浦江县志稿》录有清代宋琦《青山岩迎会赋》一文，作者告诉我们当时为什么举行迎会活动：

> 长陵故里，浦邑名区，烟村稠密，蔀屋萦纡。处处芳菲交错，亭亭锦绣平铺。选择良辰，订会期于十月；卜迁灵境，联古社于七都。原夫会之所由起也。奔涛冲余，洪水连绵，祈求致敬，叩祷弥虔，望神恩之保佑，思圣意之悯怜，装佛座于青山岩上，启琳宫于乌蜀溪边。

从上不难看出，青山岩（"文化大革命"后划归兰溪）位于浦江西南角的横溪镇，举行迎会是为了祈祷上天赐福，保平安。那么当时又有哪些会桌呢？宋琦对此也有详细描写：

> 一枝梅上，娇艳堪探；百花丛中，纷华可摘。孟良则悬索牵绳，遇春则举枪持戟；沛公执剑，白蛇屈斩以夷犹；刘海戏蟾，青钱高悬而投掷；杨太爷困围古寺，身步云梯；白牡丹超往瑶台，足穿仙鞋；婚缔仙女，庆钱树之滋荣；扇借牛妃，怕火山之燔炙；蓝生莲蕊，救母佳儿；笔化龙蛇，梦元嘉客；破天门阵，木莺之计宏深；过凤凰山，白袍之功显赫；华山之棋声幽静，倏

寿溪会桌

忽输赢；水仙之伞影高张，仓皇假借；凌云远驾，曾追东方朔之桃；插翼高飞，足解西伯侯之厄；刘志远镇收珍怪，宝剑扬威；达摩师超度观音，慈航翁辟；抡元万化，访铁拐于仙桥；拾翠花姑，遇洞宾于云陌；当年苏武，雁足传书；昔日关公，炉香遗迹……美景何堪尽述，略描会意以抒怀。芳情自此弥赊。总著会名，而悦绎于斯。

每读《青山岩迎会赋》，都有一种身临其境之感，对作者宋琦的才华不得不服。大家不妨感受一下他对当时迎会、观会情景妙笔生花的描写：

时也，云含彩色，日透霞光，阳春和煦，冬月清凉。新胡公之古庙，聚十载之会场。仿佛赤城红敞，依稀贝阙铺张。足立纸山，婴儿敷粉；手持铁戟，童子添妆。洪、缪、金、曹，户外频闻丝竹。祝、周、宋、柳，台前齐奏宫商。一十二姓之中，锣声远镇。二十二村之内，旗影高扬。无比山前，丛舒美景。镇陵桥上，布满余芳。此明朝之旧例，永留传于通化之乡。

于是，观者忙步弓鞋，频临玉趾，同裹糇粮，各携行李。过一枕之山，渡三岐之水。豪华公子，夸三楚之名流；放浪才人，集五都之佳士。前者呼，后者应，耳闻一曲歌谣。近者悦，远者来，踏遍几番街市。翘首而寸心暗想，拍手攀肩；静观而双目凝神，交头接耳。东西南朔，不远千里而来。工贾士农，襁负其子而至矣。又有深闺淑女，绣阁名姝，曳长袖，飘轻裾，颜楚楚，态徐徐，窥芙蓉之镜，佩琼玉之琚，携手同行。唤小姑以徐步，与汝偕往。随阿母而登舆，向石径以间行。金莲颇小，凭画阑而轻倚。玉手频舒，拾级先登，璀璨之罗裙轻动；卷帘远眺，秀莹之花鬓光梳。倏见日之夕矣，旋思归兴！

透过以上文字，我们不难想象当时作者是何等的激情飞扬、才思横溢，文章最后作者作诗一首：

一十二元兮，天地无穷，十年一会兮，今古何终！但期千载长相会，四海安康岁岁丰！

总之，《青山岩迎会赋》一文，不仅仅描写当时青山岩这里的迎会情境，透过其中的"一十二姓之中，锣声远镇。二十二村之内，旗影高扬"的记述，告诉我们明清时期浦江迎会达到了鼎盛时期。而且，文中"此明朝之旧例，永留传于通化之乡"之句，与普查到明洪武年间官岩下五姓六村之争，恭五公以黄姓迎巧代表大家接胡公的资料相符。可以断定，通化乡青山岩的迎会源于黄宅。或许，这就是黄姓迎巧和浦江迎会从"巧"到"会"的变更时期。

浦江迎会源于宋，兴于明，盛于清。民国至新中国成立初期也还流行。

1966年至1976年的十年"文化大革命"，浦江迎会被列为"四旧"，但并没有完全被破坏掉，不少乡村设法把会桌保存了下来。改革开放后，党中央拨乱反正，浦江迎会在县文化部门的积极发掘和引导下，冲破了宗族、迷信的陈规陋习，以更为新颖的形式、健康的内容、严密的组织、良好的秩序，成为广大农村春节文化娱乐和县文化经贸活动的一项重要内容。浦江迎会曾参加在杭州举行的1988中国首届国际武术节开幕式，1992浙江电视台春节联欢晚会，1994、1995中国国际钱江观潮节开幕式，1994中国金华火腿旅游节，1996上海四川北路欢乐节，1996上海城隍庙庙会，1998金华金秋旅游节，1995、1998浦江第一、二届中国书画节，2003年还参加了中国首届药材博览会开幕式及中国首届茶花节踩街。2006年赴首都参加第九届

2006年，浦江迎会参加北京国际旅游文化节表演

北京国际旅游文化节盛装行进表演，2007年春节赴新加坡参加第三十五届妆艺大游行，2010年6月赴上海世博会表演，2011年赴杭州参加第八届全国残运会开幕表演。中国新闻电影制片厂拍摄的新闻纪录片《仙华山下》、浙江电影制片厂和香港电影制片厂拍摄的故事片《辫子神功》中，都出现了浦江迎会的踪影。2003年12月，浦江迎会参加了电视连续剧《江山美人》的拍摄。时隔半年，再次应邀参加电视连续剧《黄飞鸿与十三姨》的拍摄。

[叁]浦江迎会的种类与分布区域

浦江迎会，由会桌、抬扛、会栅、抬会人、站会的小演员（或动作逼真的纸扎人物）五部分组成，又称抬阁。迎会以我国传统戏剧人物造型为主体，加以艺术设计，以奇、险取胜，使人感到新鲜、奇丽。而每台戏的选择又以利市、吉祥、威武、俏丽为本，以示政通人和、国泰民安、风调雨顺，满足观众的审美情趣。浦江迎会根据会桌上不同的故事情节取会名，一张会桌，就是一台戏，如《孙悟空借扇》、《劈山救母》、《姜太公钓鱼》、《三请梨花》、《借伞》、《蟠桃盛会》等，每桌挑选数名三至五岁活泼秀丽的童男童女，演绎传统戏剧中某一场面，他们或悬空而立，或凌空飞舞，由四至十六名青壮年抬着行走。在行走中扮演者变换造型，千姿百态，神采各异，尽显其奇、巧、险之特色。迎会是游动的戏剧，迎会是静止的杂技雕塑。

迎会时，以铜铳、铁铳开路，龙虎旗、长旗、华盖等为先导，在大锣鸣道下,会桌和什锦班紧随其后,队伍庞大,气势恢弘,壮观动人。

2005年,在全国民族民间艺术普查活动中,浦江文化部门又集中力量,开展地毯式普查。共查出黄宅、前吴、杭坪三个乡镇的十五个自然村还保留传统迎会项目,分人会、纸会、人纸合会三大种类,计会桌五十一台。

人会

所谓人会,即站会的戏剧人物均由五至七岁的小演员扮成。

黄宅镇现存人会二十一台,分布全镇八村。具体是:

下店村(五台)

1.《岳飞战兀术》(人物二人)负责人:黄丰裕

取材于宋朝民族英雄岳飞大战金国四太子兀术的历史故事。

2.《姜太公钓鱼》(人物二人)负责人:黄洋贵

取材于《封神演义》中姜子牙在渭水河畔用没有鱼饵的直钩钓鱼,吸引了打猎的周文王拜他为师的传奇故事。

3.《耕读人家》(人物二人)负责人:黄遵池

《姜太公钓鱼》

《耕读人家》

《游龙戏凤》

取材于浦江郑义门"耕读
为本"、"孝义为先"的故事。

4.《游龙戏凤》(人物二
人)负责人:黄遵场

取材于正德皇帝与爱妃间
动人的爱情故事。

5.《打花鼓》(人物二人)
负责人:黄刷群

取材于祈求国泰民安的人们
欢庆打花鼓的一个精彩场面。

《打花鼓》

六联村（四台）

1.《牛头山》（人物三人）负责人：黄小龙

取材于宋高宗被困牛头山，大将高宠勇挑滑车四十余辆的历史故事。

2.《东吴招亲》（人物三人）负责人：黄祖亮

取材于三国东吴孙权施美人计，诸葛亮将计就计弄假成真，刘备与孙尚香成亲的历史传说。

3.《姜子牙进朝歌》（人物三人）负责人：黄世雁

取材于封神演义中姜子牙遇文王后一同进朝，商议兴周灭商大业的历史故事。

4.《三打白骨精》（人物三人）负责人：黄星地

取材于历史小说《西游记》

《牛头山》

《东吴招亲》

《姜子牙进朝歌》

《三打白骨精》

中孙悟空火眼金睛识妖而"三打白骨精"的情节。

上市村（三台）

1.《临潼山》（人物三人）负责人：黄小根

取材于《隋唐演义》中隋太子杨广扮成强盗谋害唐太祖李渊，大将秦琼路过救驾的历史故事。

《临潼山》

2.《劈山救母》（人物二人）负责人：黄祖先

取材于华山圣母与民间书生刘彦昌结良缘，产一子名"沉香"。此事被二郎神知道后，二郎神将圣母关押在华山，十三年后，沉香长大劈山救母的神奇传说。

3.《穆柯寨》（人物三人）负责人：黄祖其

取材于宋朝杨宗保与穆柯寨主穆桂英喜结良缘的历史故事。

新华村（两台）

1.《借云破曹》（人物三人）负责人：黄祖旺

取材于三国刘备向公孙瓒借大将赵云破曹将典韦的历史故事。

2.《青蛇白蛇》（人物二

《劈山救母》

《穆柯寨》

《借云破曹》

《青蛇白蛇》

人）负责人：黄几华

取材于神话剧《白蛇传》，表现了青蛇、白蛇从峨眉山下来追求人间美满生活的场景。

群联村（两台）

1.《宗保招亲》（人物三人）负责人：黄祖焕

取材于宋朝杨宗保与巾帼英豪穆桂英喜结良缘，大破辽邦天门阵的历史故事。

《宗保招亲》

2.《文武香球》（人物二人）负责人：黄根法

取材于忠良之后龙匡保避难时与"山寨"女寨主张桂英喜结良缘的历史传说。

永丰村（两台）

1.《武松打店》（人物二人）负责人：黄金堂

取材于《水浒传》中打虎英雄武松充军沧州，路经十字坡在孙二娘店中误打的故事。

2.《罗通扫北》（人物二人）负责人：黄子林

取材于唐朝罗通与番邦屠龙公主的一段爱情传奇。

信华村（两台）

1.《鹊桥相会》（人物四人）负责人：黄小良

取材于神话《牛郎织女》中数千只喜鹊搭桥，帮助牛郎织女相会的传奇故事。

2.《三请梨花》（人物三人）负责人：黄根吐

取材于唐朝大将丁山与巾帼女豪杰樊梨花在战场一见钟情的爱情传说。

《三请梨花》

一心村（一台）

《茶店开弓》（人物二人）负责人：黄泰康、黄尚绥

取材于京剧《铁弓缘》中茶店张秀英母女二人利用铁弓招婿的动人故事。

《茶店开弓》

前吴乡马桥头村现存人会八桌，分别是：

1. 《渭水河》，四人抬，会上表演人物二人。负责人：盛能义

2. 《打花鼓》，四人抬，会上表演人物二个。负责人：盛能义

3. 《三挡杨林》，四人抬，会上表演人物三人。负责人：盛能义

4. 《许仙借伞》，四人抬，会上表演人物四人。负责人：盛能义

5. 《三倒铜旗》，四人抬，会上表演人物三人。负责人：盛能义

6. 《双阳公主》，四人抬，会上表演人物三人。负责人：盛能义

7. 《悟空借扇》，四人抬，会上表演人物二人。负责人：盛能义

8. 《梁祝化蝶》，四人抬，会上表演人物二人。负责人：盛能义

《打花鼓》

《三挡杨林》

《许仙借伞》

《梁祝化蝶》

《三倒铜旗》

《双阳公主》

前吴乡寿溪村

改革开放后，前吴乡寿溪村的张根志设计制作创办会桌八桌，分大、中、小三个类型，其一会多桌（一桌大会可分为七桌小会）、一桌多变（五桌小会能变换十二桌造型），构思巧妙，惊险绝伦，风格独特。大型会桌《蟠桃盛会》由十六人扛抬，其大小是一般会桌的五倍。会桌上由十八个童男童女装扮组成王母寿诞、瑶池蟠桃盛会、八仙祝寿、福禄寿喜同庆太平盛世、五岳升平、吉祥如意的精彩画面，将传统戏剧《踏八仙》中人们祈盼国泰民安、五谷丰登和万民同乐的壮观场面，以迎会的形式展示给观众。对此，《人民日报》和《中国文化报》及中央电视台等媒体都以"中国第一会桌"、"天下第

浦江迎会寿溪表演团代表节目《蟠桃盛会》

一会桌"之名对这一会桌进行了报道。

较具代表性的会桌有：

1.《水漫金山》，抬会四人，表演儿童三个。负责人：张根志

《水漫金山》取材于神话小说《白蛇传》。

2.《长坂坡》，抬会四人，表演儿童两个。负责人：张根志

《长坂坡》取材于《三国演义》中赵云救主，单枪匹马与百万曹兵激战长坂坡的情节。

3.《卖艺》，抬会四人，表演儿童两个。负责人：张根志

《卖艺》取材于寿溪传统民间艺术《叠罗汉》表演节目中舞钢叉的情节，展现了兄妹二人再现江湖卖艺的情景。

4.《双枪陆文龙》，抬会四

《长坂坡》

《双枪陆文龙》

人，表演儿童两个。负责人：张根志

《双枪陆文龙》取材于南宋爱国志士王佐自断其臂，施苦肉计来金营投兀术，以说书为幌子，借机劝说宋将后代陆文龙归宋，大杀金兵的历史故事。

5.《回龙阁》，抬会四人，表演儿童两个。负责人：张根志

《回龙阁》取材于传统婺剧《回龙阁》中薛平贵因想念在中原寒窑受苦十八载的前妻王宝钏，将公主劝醉，更衣跨上红鬃烈马逃三关，公主酒醒，披挂提枪、快马加鞭赶三关的动人情节。

6.《三英战吕布》，表演儿童四个。

《三英战吕布》取材于《三国演义》桃园结义的刘、关、张

《回龙阁》

《三英战吕布》

三兄弟在虎牢关前大战吕布的情节。

7.中型会桌《叠罗汉》,抬会八人,表演儿童七个。负责人:张根志

《叠罗汉》取材于浦江独一无二的寿溪传统民间艺术《叠罗汉》节目,以七人组成牌坊为造型。

8.大型会桌《蟠桃盛会》,抬会十六人,表演儿童十八个。负责人:张劲松

《蟠桃盛会》表现了王母娘娘在瑶池举行蟠桃盛会,八仙及福、禄、寿、喜各仙同去祝寿的场景,体现喜庆吉祥、万民同乐的美好愿望。

《蟠桃盛会》

纸会

纸会，即戏剧人物，均用竹扎纸糊，栩栩如生。

杭坪镇曹源村现存纸会十二桌，分别是：

1.《麒麟喷火》。负责人：周九荣

2.《兰梅纺纱》。负责人：周宗忠

3.《李密投唐》。负责人：周新育

4.《罗成写书》。负责人：周金土

5.《孙悟空借扇》。负责人：周茂书

6.《乌龟踢球》。负责人：周岐鸣

《麒麟喷火》

《兰梅纺纱》

7. 《水漫金山》。负责人：周宗竹

8. 《茶店开弓》。负责人：周茂成

9. 《打花鼓》。负责人：周有法

10. 《龙虎斗》。负责人：周德恩

11. 《狄青比武》。负责人：周德唐

12. 《蚌壳精》。负责人：周祖根

人纸合会

所谓人纸合会，是指站会的戏剧人物有的是真人，有的是用竹纸扎糊的，真真假假，真假难辨。查遍浦江全县，只有前吴乡马桥现存两桌，分别是：

1. 《双珠球》，四人抬，一个真人，一个纸人。负责人：盛能义
2. 《济公活佛》，四人抬，一个童男，一个假人。负责人：盛能义

浦江迎会流程

浦江迎会会桌的制作，首先是构思剧情，设计造型。制作会桌时，小演员的挑选和服装道具的制作同时进行。迎会时，迎会队伍浩浩荡荡，展现给观众一个个精彩的古装戏剧场面，好不热闹。

打花鼓

浦江迎会流程

[壹]浦江迎会的道具制作

制作材料

一个个扮成戏剧人物的儿童,凌空站立在会桌的3米之上,险否?险!但又很安全,为什么呢?因为他们或立或坐的位置都是用优质钢材固定好的,只不过在扮会时,用演员的戏剧服装盖住了钢材。所以,人会的原材料以钢材为主。如以圆钢、扁铁、槽钢、铁皮、铁板、钢筋等作为会栅,根据力学原理和会桌内容,打造成不同的造型。

这些造型都是固定在会桌之上的,因此,桌子也是浦江迎会很重要的组成部分。打造会桌框架常用本地樟树、木荷树,用于制作桌面、抬杠、人字梯、担柱等。会桌打造完毕,还须用清漆油漆过。扮演戏剧人物的小演员的服装通常都是量身定做,为此,还必须配备绸、缎、布料、绣花线、缝纫线、纽扣、揿扣、黏布等。

如果扎制的是纸会,还得配备竹箩、皮纸及绘画用的笔墨和做机关用的麻绳。

人纸合会,则以上材料均不可少。

制作工具

入会，主要的部分是会栅，会栅又都是钢或铁构成，所以，制作会栅，除常备的铁钻、铁锤、铁夹、火炉等一套打铁的工具外，还需切割机、电焊机、磨光机、台钻、台虎钳等。

而会桌部分又都是木结构，所以一套木匠常备的斧、锯、刨、凿、工分尺、手电钻等必不可少。会桌打造完工，还要雕刻和上漆，为此，还需要一套雕刻工具和油漆工具。

站会的小演员，一律都是身着戏剧服装，所以，制作服装用的缝纫机、绣花架、电熨斗、剪刀、皮尺、针、钻，当然缺一不可。

还有制作各种道具用的工具，如面具的制作先要做好模型。

扎制纸会，还要加篾刀、裁纸刀等。

人纸合会，则以上工具均不可少。

会桌、会栅的制作

会桌大体分为台桌、铁支架、抬扛捆扎与演员定位表现的座盘，有两个固定部分和两个卸装部分。

台桌类似于日常人家所用的八仙桌，起支撑作用的四脚向外呈弧形。这样可以巧妙利用物理学原理，使其有着更强的支撑力度。四脚的脚底处呈外翻状，并在外侧雕有兽面图形，下方安装有底板，可加强整体的牢固度。有的如同箱子，只是下面没有底板。箱面四周均有装饰，有的绘有图案，有的则是以镂空或浅浮雕为纹，其图案多是以花鸟鱼虫作为主要元素。箱体的主体色调多用中国民间喜爱的红色，但在明度或纯度上有所不同，如朱红、大红、荸荠红等，并多以蓝、黑等色彩进行辅助贴边或描边，图案一般以金色颜料沿着图案轮廓填之、勾之。图案保留着民间的质朴风格，题材为花卉、飞禽等民间百姓在生活中随处可见的事物，与传统的人物装饰配合在一起后相得益彰，显得大方、喜庆，符合当地民间百姓的审美需要。

箱体上方四周往往会制作有镂空雕花的护栏，厚度在1.5至2厘米之间，高度为10至50厘米不等，根据审美风俗、主题内容的需要与阁上人物、道具的多少及体积的大小而定。其装饰有的是整板画花，有的是镂空雕花，有的则是以几何形进行隔断。其上正面中间有一块位置是用来写这一抬阁名称的，以显示标题，多以整块板凹进1厘米或另涂一色来示区别。护栏的颜色与箱体的颜色一致，其装饰风格也统一。

表演主要是在箱体上面进行，为表现不同位置的空间人物安排，就需要在特制的会桌上按照预先设计好的方案设置安装铁架。通常情况下，都是在阁箱上方向前端的箱面内侧预先装好铁环，将铁架主干的末端由上而下地插入铁环，最下方固定在阁箱里面的板上或是铁环上。

铁主板是整台会桌的纲，铁支架则是目，通称为会栅。整台会桌的漂亮美观和结实牢固都与会栅有关。会栅通常视表演情节的繁简程度和表演内容的具体安排进行拼装,支架在拼装时多以捆绑或螺纹对拧的方式进行。

支架装好后,再由工作人员按一定顺序将护栏及各种背景与道具装在阁台上。这些道具和支架有机结合,一方面可以加固道具,另一方面,也可起到支架之间的连接作用,以增强台上支架的整体稳固性,同时还可以作为小演员凌空表演时的扶手使用。会栅的主干、支架、道具装拼,主要是以穿插方式为主,部分起重点支撑作用的地方则要用打楔子的方法加强牢固程度。

支架的末端上装有不同的衬垫,有的是自行车坐垫,有的是木板,表演者在上面或立或坐,并不断变幻造型。铁架被扮演者的衣饰所遮掩,表演者凌空飞舞,悠然自得并不断变换表现造型。

总而言之,浦江迎会会桌的制作,首先是构思剧情,设计造型。会桌大小根据人物的多少而定,会栅的具体结构根据人物造型而定。整个流程通常是造型设计—打造会栅—做会桌(做会桌的木材应提前备好,以干燥、既不会变形又不会开裂为宜)—花匠雕刻—漆匠油漆,制作服装道具应和挑选小演员同步进行。总结浦江迎会会桌的制作流程,共分六大部分:

一、设计者构思剧情,设计造型;二、铁匠打造会栅;三、木匠打造会桌;四、花匠雕刻会桌;五、油漆匠油漆会桌;六、裁缝为小演员制作服装。

[贰]浦江迎会的会前准备

扮会时，会桌用竹席和布围住，不让人看见，以保持神秘感。挑选站会的小演员要求严格，从前都要经会桌理事会研究同意，一般以三至五岁为宜，太大会超重，太小吃不消。外形与气质和戏剧人物要相似，还要胆大，不然晃动时会吓得大哭。

说到表演迎会的小演员，可爱又可敬，让人忍俊不禁，肃然起敬。

2001年10月21日，浦江前吴乡寿溪村的《蟠桃盛会》应邀参加第五届中国国际民间艺术节开幕式暨2001中国杭州娃哈哈西湖狂欢节表演活动。因路途遥远，浦江离杭州130多千米，寿溪到浦江县城又有10多千米，又因经费有限，为了节省开支，所以只得当天来回。凌晨三点半，以放铳为号，十八名小演员，虽有的还睡意朦胧，但都一一到齐，准时从西部山区出发，统一到县文化馆化装。随后由警车带队，四辆中巴载着八十五名表演人员，一辆大货车载满道具，按时从浦江开往杭州。

途中，队长下令，为了防止表演时睡觉，现在抓紧休息。小演员们立刻停止了"吱吱喳喳"，随着车辆的颠簸呼呼地进入了梦乡。

想想吧，成年演员也未必如此听话。他们可都是三至六岁的小孩呀！

潺潺是张根志的外孙，父母都把他当作宝贝，含在嘴里怕化

整装待发的演员们

了,捧在手里怕摔了,两岁时就加入到迎会队伍。他曾多次去杭州、金华、永康等地表演,这年虽只有六岁,但却是个已有四年表演经验的老演员了。这次他扮演的是《蟠桃盛会》福禄寿喜中天官的角色。因明天要去参加西博会表演,所以,今天放学后他早早就做好了老师布置的家庭作业,吃过晚饭早早地睡觉了。夜半,他倒先把外公给摇醒了,问几点钟了,外公打开电灯一看还不到两点,说:"还早,再睡一会,到时我会叫你的。"他自言自语:"我总是觉得有一件心事似的睡不着。"外公侧转身,抿抿嘴,偷偷地笑了,暗想:"这孩子,才两三岁的人,为迎会背了心事,有责任感,将来说不定会有大出息。"

张怡婷与潺潺同年，并且也是同时参加迎会的小演员。早上车开到文化馆门前，下车后她来不及去化装就哇哇地吐了起来，亏得附近有医师，及时用了药，没有影响表演。事后从她父母口中得知，其实那天在家未上车她已头晕，想吐但吐不出，又生怕被大人发觉不让她去，另调他人参加，因而一上车就把头低在那里，躲在一旁，假装睡着。

杭州回来后，众多小演员都围在张根志家里，七嘴八舌，他们也在回味着西博会的情景。张天格说那天身上不舒服，想哭，一想不能哭，要哭一定要坚持到表演结束自己一个人去哭。另一个人说，我也是这样的，我有屁憋着不放，因为要影响人家的，后来憋着憋着没有了。大人们听到后，都忍不住开怀大笑起来。

这些谈话，听起来普普通通，但都是他们的亲身经历和切身体会，难得他（她）们从小就树立起顾全大局的精神，看来，迎会也是一种很好的集体主义精神教育。

第五届中国国际民间艺术节开幕式暨2001中国杭州娃哈哈西湖狂欢节表演活动有十七个国家的民间艺术家及表演队参加，整个表演队伍分六个方阵，浦江迎会是第五个方阵。进入场地后，浦江迎会表演队分头忙于准备，未到表演时间，就一切就绪，围观的人们先睹为快地挤在会桌边。有位杭州市民看到童趣的小演员在会桌上晒太阳，问清共有十八位小演员后，赶紧跑到店里买来了十八瓶牛奶，分发给各人，小演员都很有礼貌地说谢谢，逗得他哈哈直笑，连说"真有礼貌，真有礼貌"。

表演开始了，浙江浦江寿溪迎会表演团的领头旗有6米多高，在前引导，六面龙虎大旗，沿街道左右两边迎风前进。两个多钟头过去，表演进入尾声，小演员在前进中的会桌上竟能同时向后转，再次向观众致意，祝观众吉祥如意、幸福安康。然后，很有礼貌地笑嘻嘻向后退着徐徐离去。依依不舍的观众再次报以雷鸣般的掌声。

说到小演员，必须得提到化装。化装也是会前一项重要的准备工作。

化装分为三个步骤：一、集中脸部化妆；二、各自按表演需要穿着表演服装；三、在抬阁上与阁上道具进行整体协调，最后完成化装，准备表演。

脸部化妆分打粉底、上色、面部彩妆等步骤。

打粉底　化妆师在小演员来到集合点时，已先期到达，并做好了化妆的准备工作。小演员来后，先将小演员的面部用湿巾清洁，后用粉底将整个面部，包括耳根、脖颈处涂匀。

上色　面部粉底打好后，根据不同的人物造型需要，相应地在眼部、鼻侧部、腮部打上色彩，以突出面部的整体轮廓，使人物形象更为生动，且符合戏剧中的人物扮相。

面部彩妆　用描眉粉突出眉部的线条轮廓，并定好眉毛的形状。再用唇彩点缀唇部，如有需要，在额头施以朱砂，或进行更加繁杂的纹样装饰。这样小演员的脸部整体化妆基本就算完成，所表演的人物形象清晰而且脸谱表情已经带上性格特征了，角色扮相也更加生动了，有的英姿飒爽，有的面若寒霜，有的朴实无华，一目了然。

当面部化妆完毕后，在穿戴演出服饰前，还要对头发做相应的造型。

面部化妆与头部的造型准备完成后，就进入到演出服饰的穿戴阶段。由于会桌内容的不同，小演员们所穿戴的服饰也各不相同，分不同角色，按由里而外、由下而上的顺序进行。先将裤、鞋换

为小演员化妆

上会桌

上，再穿上内衬的一层衣服，然后再穿上外层，即表演时观众所看到的服装。有的小演员因阁上支架安装方式的不同，有时也会坐上架后再将裤子套上。完成上述系列工作后，小演员即成为戏剧角色。

[叁]浦江迎会的过程

会后锣鼓什锦班

在浩浩荡荡、气势雄壮的迎会队伍中,压阵的是紧随会后的什锦班,这也不失为浦江迎会独特的艺术表现形式之一。抬会人的脚步随着什锦班的节奏而移动,站会小演员的动作随着什锦班的节奏而变化,观众的情绪随着什锦班乐曲的高低快慢而起伏。

什锦班,又名坐唱班,遍布浦江县各个村落。

鼎盛时期浦江全县有一百三十多班,这种艺术形式的活动在整个浙江都是独一无二的。

据有关史料记载,浦江什锦班产生于南宋中期,它比浦江乱弹形成的时间还要早。1982年6月,浦江县文管会在一次全县文物普查中,发现黄宅镇李源莲塘村李遵达(业余兽医)家收藏有其曾祖父(清代浦江民间画家李维贤)的几幅作品原件。其中有一幅反映当时什锦班演奏场面的民间风俗画引起普查人员的注意,普查人员随即作了记录。1985年9月间,李遵达主动将这幅风俗画送交浦江县文管会收藏。

画面为我们展示了这样一个场景:正在演奏的什锦班由司鼓、正吹、大锣、小锣、大钹、次钹六人组成。司鼓居中,正吹、大钹、次鼓、小锣演奏者分别呈八字形分坐司鼓两侧,大锣演奏者站立于司鼓身旁(右侧),这种座位安排,目前在浦江农村仍有所见。有所不

浦江民间锣鼓班（风俗画）（李维贤/画）

同的是，很长时间以来，大锣、钹子置于架上，由一人敲击，俗称"三样"。画中的鼓架上放着板鼓、扁鼓各一，由司鼓演奏。当今常见的夹板、梆子在画中没有出现，是画家的疏忽呢，还是当时这一带还未将其作为常用的打击乐器，已不得而知。

总之，这幅珍贵的绘画作品为我们确认明末清初为什锦班的鼎盛期，与浦江迎会发展基本同步提供了有力的依据。明朝末年，特别是嘉靖（1522—1566年）、万历（1573—1620年）以后，手工业的空前繁荣带动了戏曲艺术的迅速发展。在艺术实践的过程中，大批民间器乐演奏艺人脱颖而出，大量曲目不断涌现。当时集金华各地戏曲音乐、民间器乐于一身的什锦班也日益兴旺。

中老年什锦班在香亭前边走边奏

　　什锦班在当时通常由六至八人组成，有时人数也有增减，但一般场合为偶数。以六个人为例，乐器编配为下：大唢呐二、扁鼓、大锣、次钹、狗叫锣各一。在迎会行路（即在行进中演奏）时，唢呐在前，扁鼓、大锣次之，次钹、狗叫锣最后，这种编配，民间称为"武堂"（或"武吹"）。也有用"文堂"（或"文吹"）的，所有乐器为：竹笛二或小唢呐、竹笛各一，提琴、三弦（或牛腿琴）各一，打击乐器为大、小乳锣（民间称大的为铜锣，小的为铜尖。个别地方如永康小的为丢子）各一，行路时依次排列。但这两种编配不是一成不变的，在主奏乐器确定的前提下，其他乐器可因人员、条件不同而异。

　　什锦班在行路的持续演奏中，为数不多的演奏人员既不能随意中断，又无法轮番演奏，这在客观上造成什锦班演奏曲有着这样的特点：一、结构简单，篇幅短小；风格相近、适宜联辍。什锦班在行进中演奏的多属单乐段结构，一般由单调主题通过加花变奏扩充、压缩等手法发展而成，而且常因吹奏乐器的简单改变而使旋律产生微妙的变化。演奏者既可利用一首乐曲作随意反复，又可几首乐曲联辍演奏，衔接时无生硬的感觉。二、句逗或乐节间有间歇性休止。这是什锦班艺人对乐曲的特殊处理手法，它可以减轻吹奏过程中的疲劳程度。这种无意间形成的演奏规范，赋予乐曲以独特的节奏感。三、为了稳定情绪或预示节奏，每首乐曲常以一句带有引子性质的散板旋律或大锣、鼓同时"碎敲"（俗称"发锣"）作为开头，然后"进板"演奏。

　　从前迎会，会后紧跟的是锣鼓班或什锦班，往往根据会桌展示的戏剧内容演奏乐曲。如今迎会一律都是什锦班，行路时以演奏浦江乱弹《花头台》为主。其曲为：

（芋芋花 坊板）

匡 搭｜仓一｜匡 搭仓｜匡O 搭搭｜665 323｜5 6161｜
　　　　　　　　　　　搭仓 匡

5656 1｜1·2 33｜232 61｜653 566｜5·6 5356｜1 2·3｜
搭仓 匡　　　　　　　　搭仓 匡仓 匡　　　　　　　搭仓

1265 3·5｜66 5｜5653 2·3｜556 1｜212 3532‖1265 123：‖
匡　　　　　搭仓 匡　　　　嗟匡 搭仓 匡 仓

12 11 1一｜匡仓 仓匡｜仓匡仓欣 匡｜仓匡次｜335 6516｜5 5653
匡　　搭搭搭仓搭搭　　　　　　　　　　　　　　　乙搭乙仓

2·3 56｜1 2｜3532 1656｜123 12｜1 仓系｜次系 次系次系｜
匡　　　嗟匡 乙得丝 匡 仓匡

匡仓系｜次系 迎系得挑｜匡仓系｜次系 次打打｜匡匡 仓匡｜仓匡 搭仓 匡｜仓匡次

35 321｜2·3 5653｜2 036｜565 05｜1 023｜1 023｜123 15｜
乙得乙 匡　　　　　　搭仓 匡 扑仓 匡 扑仓 匡酝 匡酝

6·56｜73 76｜5·6 5｜16 2312｜36 53｜21 23｜5 06｜
匡　　　　　　　　　　　　　　　　　　　　　　扑仓

1 023 | 1 023 | 123 15 | 6 33 | ii 56i2 | 6i65 3 | 321 3 |

3 2i 3 2i | 3 2i 3 | 53 56i2 | 6·i 5653 | 2·3 2·3 | 23 i23i |

2 — | 2 — | 金匡 金匡 | 金匡次金匡 | 次金 次金 | 次金次金匡 |

| 匡匡金匡 | 金匡次金匡 | 金匡次 ‖ （中板） 56 5 6 | i·2 i2i6 |

5654 3 : ‖ 323 565 | 323 123 | 1 i6 | 5·6 i6 | ii 323 : ‖ 1235 2 : ‖

i6 ii6 | 5 1235 | 2 ii6 | ii6 5 | 1235 2 | 6765 35 | 6i23 i657 |

6· 6 | 2327 6i | 02 7657 | 6 — | 匡匡金匡 | 金匡次金匡 | 金匡次 |

6i65 35 | 6i23 i657 | 6 — | 金 金 匡 | 金 金 金 | 匡 匡匡 |

仓匡｜仓匡次仓匡｜仓匡次｜渐快 35 35｜31 2｜61 2｜31 22｜36 56｜

i3 27 17 － ｜6 － ｜得心 搭仓｜匡仓匡仓 匡仓匡仓：｜｜匡0 搭仓

｜：匡仓 匡仓：｜匡搭 匡仓｜匡 0｜｜

1＝E 料胡主奏（6－3）
5 3 5 7 6 5 － 搭｜匡匡｜匡搭｜匡匡｜齐匡｜仓仓｜匡

3/4 快中板
｜11 02｜32 35｜36 55｜061 6536｜36 5532｜1 532｜1 62｜
搭仓 匡 搭仓 匡 搭

12 12｜1 ii｜6i65 35｜6i56 ii｜035 635｜635 6765｜6765 6765｜

（住锣）2/4
6 － ｜6 － ｜：匡搭 仓齐 仓齐仓齐：｜匡 仓齐 仓齐朴｜匡匡仓匡仓匡｜
2搭 搭

2/4
532 52｜3 532｜52 3｜35 52｜1 236｜1 236｜12 12｜1 ii
搭仓 匡 搭仓 匡 搭仓 匡搭仓 匡 搭仓 匡仓匡 匡

| 6i65 35 | 6i56 ii | 035 635 | 635 6765 | 6765 6765 | 6 — |

匡匡 龍 ‖: 龍 龍 :‖ 龍搭 奇搭 | 匡 龍 | 龍 匡 | ii 6·5 | 35 6 |

ii 665 | 36 51 | 2 061 | 2 061 | 23 23 | 2 635 | 635 635 | 6765 6765 |

6 — | 6 — ‖: 匡奇 令奇 :‖ 匡搭 搭 | 匡ㄨ 令匡 | 令奇 匡 | 55 31 |

2 55 | 31 2 | 635 3 | 635 3 | 54 3 | 532 56i | 652 2 |

5·3 25 | 321 6 | ii 65 | 35 6 | ii 035 | 635 635 | 6765 6765 |

67 27 | 65 6 | 6 — （长锣）| 匡匡 匡令 ‖: 匡令 匡令 :‖ 乙搭 乙 |

5·3 25 | 321 6 | ii 65 | 35 6 | ii 035 | 635 635 | 6765 6765 |

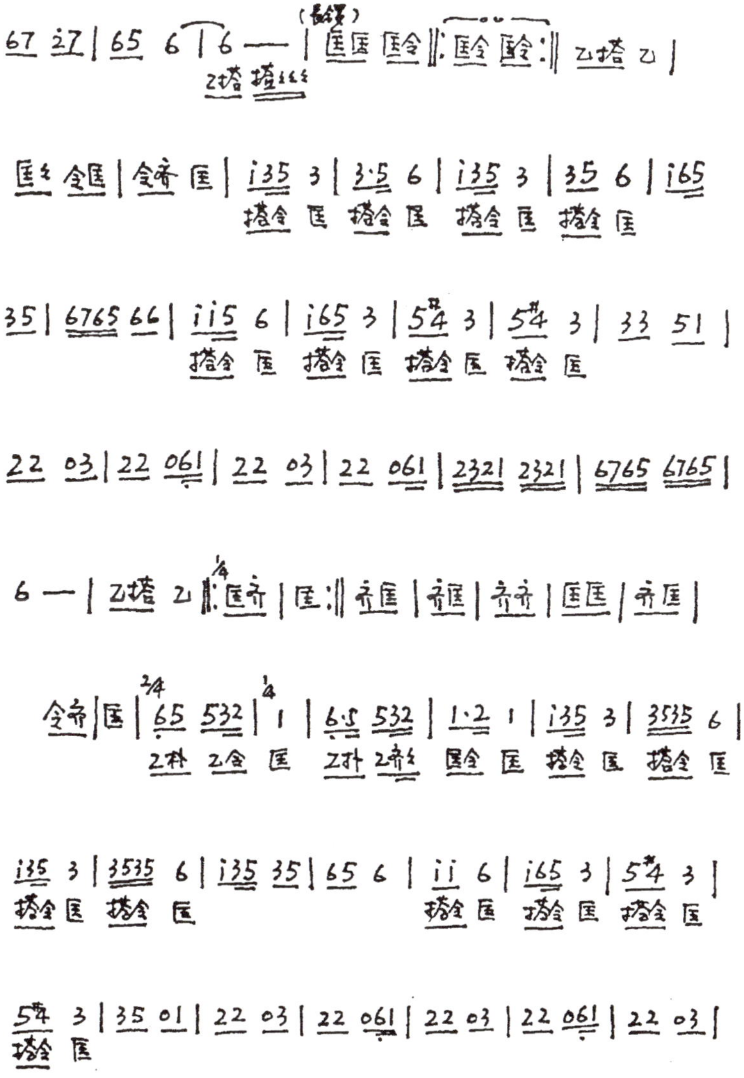

2321 2321 | 35 76 | 5 — | 傻心 搭仓 匡狂 阴锣，火炮接長锣

1=D 吉子主奏（闷5）5 — 12 36 5 — 53 13 1 2·搭 |

匡 匡 | 匡籥 | 匡 匡 | 令匡 | 令齐 | 匡 | 165 | 112 | 35 | 212 |

‖: 35 312 :‖ 3 3 3 3 3 3 | 23 | 556 | 16 | 12 | 35 | 32
乙搭 乙匡

| 16 | 56 | 16 | ↑ ↑ ↑ ↑ ↑ ↑ ↑ | 112 | 35 |
乙搭 乙 匝金 匡

31 | 253 | 261 | 253 | 261 | 2321 | 2321 | 2 2 2 2
乙搭 乙

2 2 2 2 | 23 | 56 ‖: 72 | 76 :‖ 56 76 | 5 5 5
匝金 匝金 匡 乙搭

5 5 5 5 5 5 5 | 56 | 12 | 35 | 32 | 35 |
乙 匡 齐 匡 籥 铪 匡

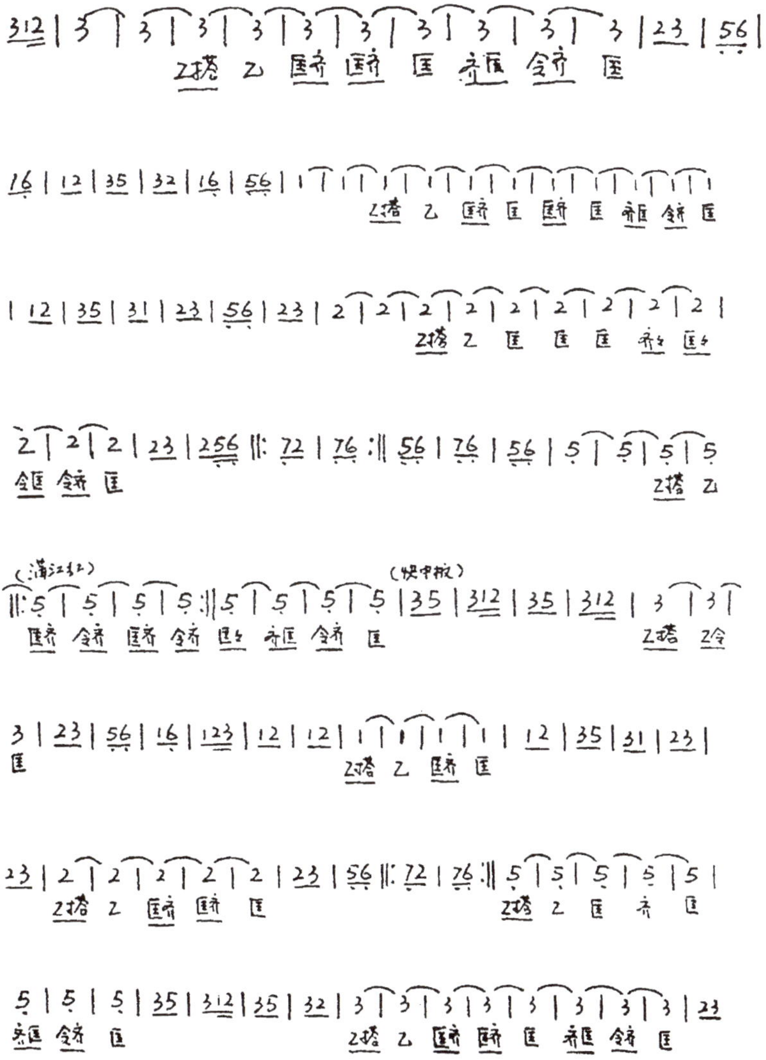
(快中板)

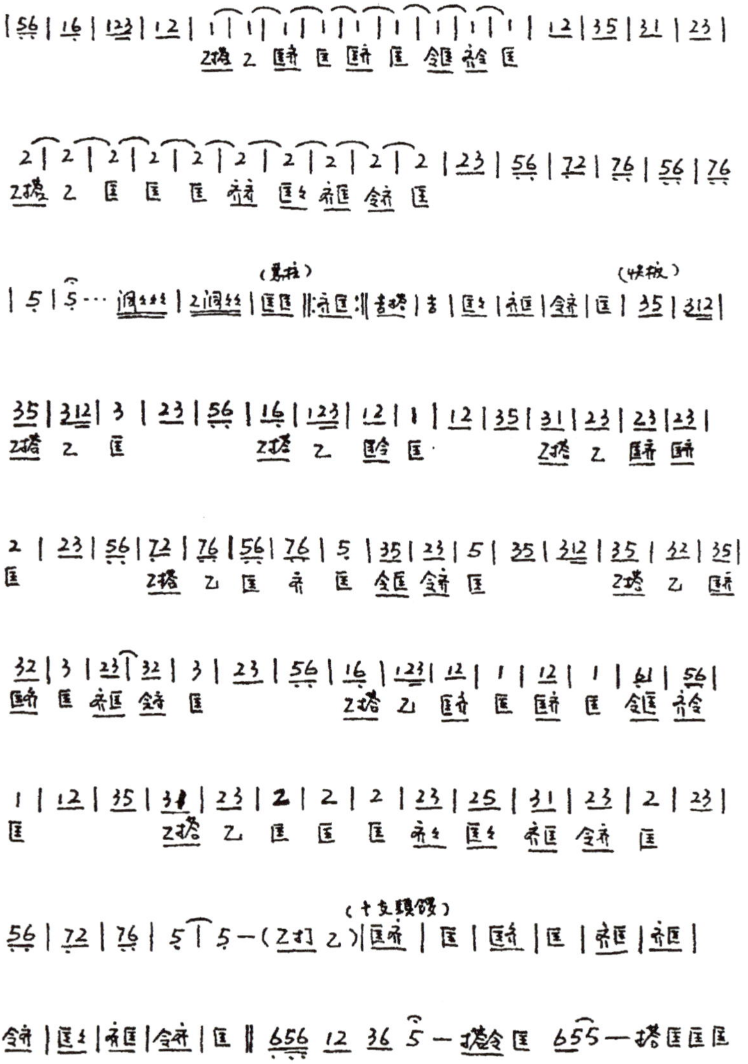

（大锣转长锣）

6̲5̲ 5̲5̲ 3̲2̲ 6̲5̲ 1̂ 一 俣… 搭仝 匡 ‖ 匡仝 丨匡仝 ‖ 匡仝 匡朴搭搭 3 2̲1̲

3̂ 一 6̲2̲ 1̲2̲ 3̲ 一 一 ‖ 洞 匡 ‖ 3 2̲1̲ 3 一 5̲5̲ 3̲2̲ 6̲1̲ 5 1̂ 一 搭花洞

朴 匡仝仝 匡 2̲3̲ 1̲7̲ 6̂ 一 搭翅 T 匡 1̲1̲ 3̲5̲ 6̲1̲ 5̂ 一 ‖ 搭拉 匡

‖ 3 2̲1̲ 3 6̲2̲ 1̲2̲ 3̂ 一 打 匡 匯 3 2̲1̲ 3 5̲5̲ 3̲2̲ 6̲1̲ 5 1̂ 一

搭拉山 搭仝 ‖ 匡仝 丨匡仝 ‖ 隐锣 轻长锣 转抽锣 一 搭 匡丁 匡朴

1=D 唢呐主奏（间2）（上小楼）

#6 一 2̲7̲ 一 至 6 一 搭搭 4/4 2 3̲5̲ 2 2̲1̲ | 7̲2̲ 7̲6̲ 5̲7̲ 6̲5̲ |

| 3̲ 2̲ 3̲ 5̲6̲ 5̲3̲ | 2 一 6̲7̲ 6̲7̲ | 6̲5̲ 3̲2̲3̲ 5 一 | 3̲ 2̲ 3̲ 5̲6̲ 5̲3̲ |
　　喜搭 喜仝 匡　　　　　　　　　　　　　　喜搭 喜仝

| 2·3̲ 2 一 | 6·7̲ 6̲7̲ 6̲3̲ | 2 3̲5̲ 2̲3̲ 2̲2̲ | 7̲2̲ 7̲6̲ 5 6̲5̲ |
匡 仝 匡

| 3̲ 2̲ 3̲ 5̲6̲ 5̲3̲ | 2·3̲ 2 一 | 6̲7̲ 6̲7̲ 6̲5̲ 3̲2̲ | 5·6̲ 3̲2̲3̲ |
喜搭 喜仝 匡仝匡仝 匡　　　　　　　　　　　　（抽锣）

浦江迎会

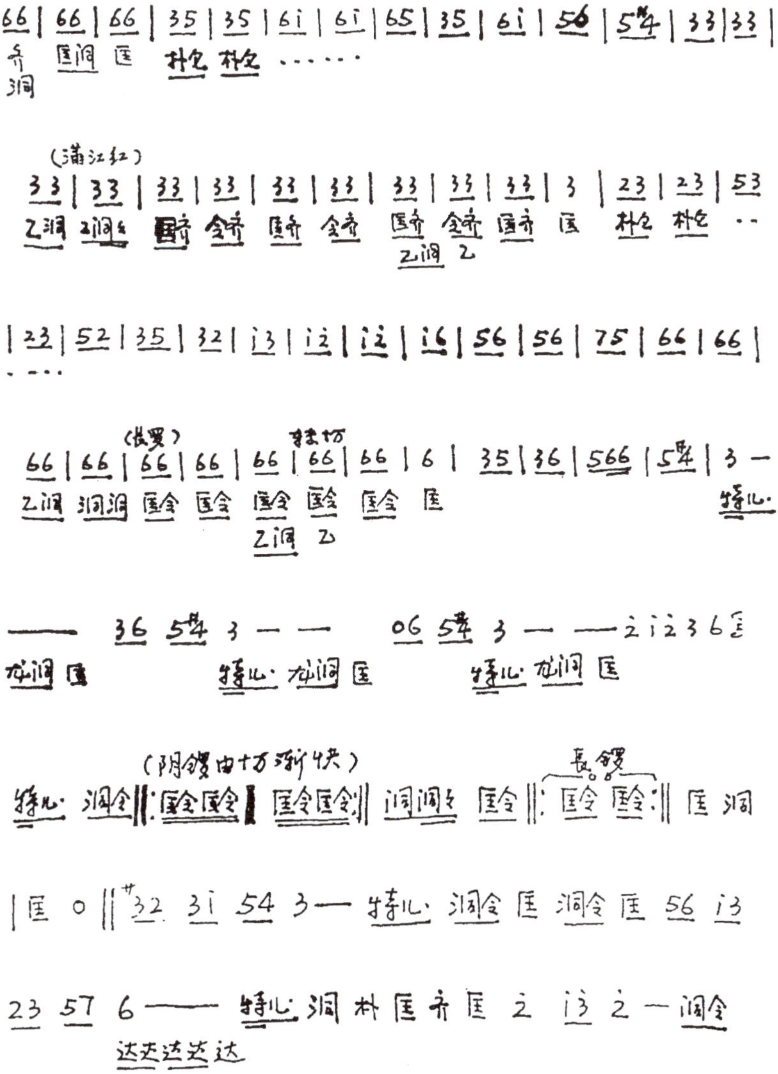
（浦江红）
（阴锣由十方渐快）

旗影高扬气势壮

　　浦江迎会队伍庞大，会桌前仪仗队气势雄壮。迎会队伍排列通常是前面火铳开道，继而是堂名灯、高灯、铜锣、龙虎旗、执事等，再是会桌出场，展现给观众一个个精彩的古装戏剧场面，最后由什锦班压阵。队伍浩浩荡荡，大旗猎猎飞舞，铳声、锣声震天，吹拉弹唱不绝于耳，把成千上万观众的情绪推向欢快的极致，把欢乐的节日推向高潮。

　　龙虎旗　龙虎旗是绘有龙、虎的两种大旗，专供迎灯、迎会等大型民俗活动之用。龙虎旗是旗队的领头旗，出迎时通常是龙、虎

龙虎大旗

两面旗呼应，正所谓"龙上天、虎上山"，显示出一种霸气与信心。龙虎旗的高度一般有6至7米，需要两人支撑，两边还要有几个人从不同方向将方向绳拉紧，以保证旗帜的稳定。在有"中国旗王"之称的浦江寿溪，龙虎旗则高达几十米，表演时一展开，旗面铺成一片，令人叹为观止。

火铳　火铳是礼仪用的一种火药炮器，有铁制、铜制、木制、铁铜木结合等多种，有粗工与精工之分。火铳用火药引炮，当火铳鸣响时，则表示抬阁队伍开始出行了。

火铳一般分有大小两种：小铳一般高1.5米，直径3.3厘米；大铳一般高1.98米，直径12厘米。火铳大多采用木与铁组成，木制铳杆一律涂成红色，在与铁接合的地方有一圈向外突起的护铁边，小铳则无。但无论大小，都会在这个位置上挂一块红布，一是起警示作用，二是有保平安之意。铁铸铳头用于装置火

火铳队

药，大铳的容量一般为半斤。为了制造声势，在表演的过程中也会以组成方阵的形式鸣放火铳，那声音震天动地，火药烟雾弥漫。

三角旗　三角旗按内容分为文、武两类，通常各二十面，文旗每面有1.44平方米，由五彩绸条镶边，看上较为文雅。武旗长2米，宽0.5米，分黄、红、绿、黑、白各色，上按传统要求，分别绘制有大型狮、象、麒麟、豺、狼、虎、豹等各类猛兽。旗杆顶端饰有金光闪闪的枪头，威武雄壮。

长旗　长旗是仪仗队的列队旗，也有作为领队旗的，长旗涵盖的范围较模糊，一般指的是分格绘出人物、花鸟、山水的图案，用一

铳队、大锣、长旗

条长杆撑起长条大旗，其宽度在1米左右、高度在4至5米左右。但也有把所有的旗队旗统称为长旗的，不过我们现在还是按通俗称谓的旗队旗来描述。长旗一般仅比龙虎旗小一点，旗面上画有大型龙、虎或狮、象、麒麟，或画有古典戏剧人物。由于旗杆较高，幅面较大，故而整体重量也很沉，在执旗行进的过程中，需要有多人在下方擎旗，或干脆做一个框架以便使其直立。在旗杆的顶端，有若干长绳从不同的方向进行牵引，以保持旗帜的平衡状态。

旗队 旗队一般都作为迎会等大型民间文化活动的仪仗队伍。彩旗分红、黄、绿、黑、白五色，并根据《三国演义》中"送徐庶"一情节中刘备、徐庶、张飞、关羽、赵云的服饰特点纺织而成，周围还用金彩丝线绣上《封神榜》中的人物画像等图案。每面旗杆上还置有锡铸塑像，其形态各异，栩栩如生，制作工艺精湛。

华盖 华盖是古代帝王出行不可或缺的仪仗，古时多用于牵马。在车舆上装上活动的车盖，用一根木头撑着，用来遮雨，更重要的是象征权势。帝王将相出行，要有华盖、锦花盖、孔雀盖作为前驱的卤薄，而且不同身份必须按要求使用不同的颜色、数量和尺寸的华盖。

华盖质地有布、绸、缎，底色多用黄、红，以丝线绣缀龙凤、云纹，下垂流苏，富丽堂皇，其柄有用一般木料做的，也有用红木、海梅做的，有的还雕花饰玉。盖身直径1.5至1.8米不等，通体高约2.5

米。在如今的迎会活动中，华盖的使用与否也是按活动规格的大小来决定的。一般小规模的民间迎会很少使用，但如果是正规的大型活动，华盖就会出现在旗队中，此即所谓"扛旗打伞走龙套"。

执事　执事有蜡（锡）执事、木执事、铁执事、铜执事等。造型有"十八般兵器"、"古典人物"等，兵器十分逼真，人物铸雕栩栩如生。执事本身是一种艺术品，有欣赏、收藏价值。每支执事由一个壮汉执掌。执事队伍多由五十个青壮年组成，他们着统一服装，头戴佩饰，精气神十足。领头的是宋太祖赵匡胤的一对盘龙棍，最后则是地凤凰，象征龙凤呈祥，迎起来十分有气魄。在抬阁的队伍中设有执事，犹如锦上添花，美不胜收。

执事（仪仗）在前，华盖在后

浦江迎会特色

浦江迎会可用险、奇、巧来概括。浦江迎会文化的群众基础深厚而广泛，尤其在改革开放后，古老的传统和历史内涵被赋予了新的内容和形式，而显示出了勃勃生机，从政治、经济、文化各个层面显现了历史和社会价值。

浦江迎会特色

[壹]代表节目

通过地毯式的普查，查得浦江全县现存会桌五十一桌，分人会、纸会、人纸合会三大种类，每种会桌都各具特色，现将每大种类中的相对具有代表性的会桌一一予以介绍。

人会《渭水河》，演员两个，扮演姜太公（子牙）和周文王。说的是求贤如渴的周文王，听说在渭水河垂钓的老头姜子牙，上通天文，下知地理，是个博学多才的治国能人，就不耻下问，亲自前往渭河拜访诚邀，并亲自拉牛车把姜子牙请到岐山，后言听计从，从此周国走上从弱到强

《渭水河》

发展道路的历史故事。画面展现的是姜子牙，白须飘飘，头戴反舌羊帽，肩背一支细细的长钓鱼竿，竿子另一端站着英武少年周文王。细细的钓竿随着抬会的脚步晃晃悠悠，顶端的周文王像是随时随刻都要掉下来，神奇的却是他虽晃荡晃荡却又稳如泰山，这便是艺术。其实是暗藏在戏服内的钢筋会栅运用杠杆原理起的作用，给人险而奇的感觉。

　　纸会《麒麟喷火》，俗话说麒麟开道，威风八面。相传，清朝末年，曹源的纸会去九龙庵祭拜观音娘娘时，东岭村的舞狮队已先在表演，他们的纸会只能在旁边等舞狮结束后表演。但东岭村舞狮队

东阳横店影视城表演《麒麟喷火》

兴致很高，表演停不下来。曹源纸会头首多次劝说东岭舞狮队可以退场换曹源纸会表演了，但他们不听，结果曹源纸会等不及了，进入场地表演，开道的麒麟发起怒来，口喷神火，把东岭舞狮队的狮子烧掉了。

纸会制作巧在哪里？《浦江县志》第550页记载："曹源有纸会，篾缚纸糊成各种戏剧人物，并用线牵引各关节部位。纸会造型想象丰富，工艺精细，非花上百工难成其巧妙。"纸会除讲究骨架机制，外壳裱糊，面部描绘得栩栩如生外，主要是内部结构。纸会以纸做的人物服装作为伪装，由表演人员藏在会桌下，暗中操作、拉动各种拉线，使会桌上的纸演员做出各式各样动作，达到以假乱真的效果。

人纸合会《济公活佛》，演员两个，一真一假，一个童男，

人纸合会《济公活佛》

一个纸糊济公，取材于《济公》的传说。人纸合会的最大特色是真真假假，真假难辨。瞧，真人扮演的小演员高悬在空中，脸带笑容；纸糊的济公，不但惟妙惟肖，而且还会舞刀弄枪与真演员对打，打累了，摇摇破扇子悠然自得，偶尔，提起葫芦喝口酒，一副醉态朦胧状，使观众惊叹不已。

[贰]传承代表人物

会以会桌为单位，桌桌都有会首。现将国家级民间艺术传承人张根志和他一家三代的事迹予以介绍，从中读者不难找到浦江迎会久盛不衰的原因所在。

张根志，浦江县前吴乡寿溪村人。他自幼爱好农村文化，从1963年参加学习什锦班就与民间艺术结下不解之缘，至今已五十余年了，张根志的锣鼓声从未间断过，且点子越来越多，影响越来越大。2007年，他的家庭被评为浙江省文化示范户，他本人于2009年被中共浙江省委宣传部、浙江省文化厅、浙江省文联评为首批浙江省优秀民间文艺人才，现又被评为国家级民间艺术传承人。

张根志的妻子周竹元是个热心的贤内助。有一次张根志在创办会桌砍伐木材时，不幸被压断了腿。周竹元既要为根志煎药服侍，又要为铁匠、木匠、花匠、油漆匠、裁缝等六班师傅烧菜送饭，忙得不可开交……

2006年中国首届民间迎会艺术大展演在广州番禺举行，因表演队伍人员所限，张根志只得带领三岁的外孙和两岁的孙子上阵。他身兼数职，既是会桌表演的后勤保障人员，又要带领两个小孩子，还要参加表演——抬会桌。

每次表演前，道具特别是服装要清点无误，表演结束对上百套的服装（抬会人员的服装，每套有头巾、上衣、腰带、裤子四样）逐套、逐样进行洗、晒、缝补、修理、折叠、分类、打捆，无论炎夏高温、冰雪寒天，十数年如一日，为的是浦江迎会队伍展现在观众面前的是一个整洁的形象。

张根志的儿子张劲松诞生在这个艺术氛围浓烈的家庭中，在父亲的锣鼓声中长大。1978年，张劲松才三岁，就要天天跟着去排练场看父亲和演员们排练《十五贯》，并能模仿着剧中人况钟的神态，倦了就在父亲的大鼓脚旁睡着，叨着："清官！清官！我是清官！"1994年，他和父亲一起恢复了浦江独一无二的民间艺术叠罗汉和祥云舞（现已分别列入市级、县级非遗保护名录），是舞龙队的领头人，并是寿溪迎会的负责主持人。他和父亲一起设计、制作、改革迎会会桌，他身强力壮，不怕苦、不怕累，会桌表演奋力当先、胆大心细，装扮会桌从未出过差错，有劲松在场父亲最放心、大家都安心，称得上一个可以信赖的接班人。他组织会桌表演队伍去杭州、赴上海、下广东、上北京，从村内、县内、省内、国内，直至走向世界表演。

媳妇周元先，每逢会桌表演，从物色小演员，整理服装、道具，装扮会桌到表演都是井井有序，能帮助给小演员化装，能为表演队伍摄影留念，能给会桌表演敲锣伴奏，足迹留在了国内外许多地方。

大女儿张淑君对小演员很热心，小演员都喜欢她。2003年从未离开妈妈的小演员张成成才三周岁，由于父母工作忙走不开，张淑君就带上小成成和自己的儿子潺潺一起参加了横店第三届农民旅游节连续三天的表演活动，小成成高兴地说下次还要跟着一同去。张淑君虽然个子不算大，但迎会踩街抬起那个16寸的大红鼓时人人都服她。西湖狂欢节、金华茶花节、千岛湖秀水节、无锡太湖博览会……大红鼓数小时扛在肩上走十数里路她一点也不觉得累。因为太热爱浦江迎会了，从儿子张潺潺二周岁参加迎会表演当小演员起，一直到儿子敲鼓成了乐队的伴奏演员，她一直是扛着大鼓走在会桌前面的。

小女儿张珺超，是义乌市一家公司的会计师，工作很忙，但得知有迎会表演任务，都会提早安排，抓紧加班加点，挤出时间参加，做到工作、表演两不误。为了能给迎会表演留下珍贵的镜头，她早已花去上万元购置了摄像、照相设备。

大女婿张志敏是运输会桌道具的驾驶员，也是装扮会桌的一把手，又是抬会桌的大力士。县里组织会桌对外表演，会桌运输经费哪怕只够油费，他也不会讨价还价。他家里办有金属制品加工厂，可他不管业务再忙，也会停车让路，完成演出任务。

二女婿沈军锋是表演叠罗汉的演员，曾应邀参加杭州千岛湖秀水节表演、义乌商城闹元宵表演，也是具有十数年迎会表演经验的老演员，对迎会表演积极、负责。2006年春节，沈军锋主持负责、带领的寿溪献艺会桌表演队伍，代表浙江省参加中国文联在广东吴川举行的中国首届民间迎会艺术比赛，荣获银奖。

大外孙张潺潺两岁零四个月就参加迎会表演，曾赴金华、永康、磐安、东阳、杭州、无锡，直至跨出国门赴新加坡迎会，曾先后两次参加西湖狂欢节，两次参加拍摄电视连续剧。他八岁就成为迎会表演的乐队演奏员了。他的鼓点子有板有眼，连他自己也不敢相信。他从两周岁参加迎会表演开始，到现在至少已有六年的表演经验，耳濡目染，脑子里已灌满了曲牌音韵和锣鼓点子，所以能一点就通。潺潺于2003年参加浦江闹元宵，2005年赴江苏无锡参加太湖博览会民间艺术大巡游表演，2007年春赴新加坡参加妆艺大游行……

二外孙沈坤儿，出生才二十个月就参加了2006年中国浦江元宵民俗风情风光摄影大展表演，同年10月5日参加广州番禺迎会大展演，2007年春节飘洋过海出国赴新加坡参加国际妆艺大游行，先后赴杭州、千岛湖、浦江、上海市徐汇区、龙泉表演，小小年纪，就去过国内外许多地方。

孙子张点点参加2006年10月5日在广东番禺举行的中国首届民

间飘色（迎会）艺术展演时，他才十三个月大。表演时，小点点吸引了当地媒体和市民的眼光。他的光头闪闪发亮，手提芭蕉扇挺着个大肚子，所到之处，观众的情绪就不由自主地激动起来，随之而来的便是雷鸣般的掌声。小点点也曾赴上海、龙泉表演，不到五周岁却也已是四年的老演员了。

小外孙张家豪。两周岁的小家豪第一次参加的是2009年12月18日龙泉市1250周年县庆暨青瓷入选人类非遗庆典暨第四届剑瓷节国际民间艺术大巡游表演。小孩子参加迎会表演，哭闹是正常事，尤其是年纪小和第一次参加的表演者，可张家豪站了足足有三个多小时。莫说小孩子固定在会桌上，就是大人坐在沙发上也需多次变换坐姿了，可他一反常态，不哭也不闹，还笑着不停地向观众招手。通过这次表演，他和哥哥们及其他小演员们一样，对迎会产生了感情。哪怕哭闹、在地上打滚，哪怕不肯吃饭，只要说再这样，下次迎会就不要去了，他就会止住哭，从地上爬起来，破涕为笑，然后把饭乖乖地吃下。浦江迎会成了孩子的止哭丹、开心果、开胃药。浦江迎会是磁铁，不！磁铁只能吸铁，浦江迎会能吸住大人、孩子的心。否则张根志的一家三代十几口人怎能十数年如一日地持之以恒呢？

[叁]艺术特色与价值

浦江迎会，艺术特色鲜明，总结起来，可用险、奇、巧来概括。

中国一绝绝在险

浦江迎会，自宋迄今，千年久盛不衰，什么原因？因为这是华夏一绝。绝在何处？绝在一个"险"字。

那么，到底怎样险呢？

高悬之险

浦江第二大型会桌《叠罗汉》，又名《独脚牌坊》。其造型是：一人肩上立着一人，第二个人上再立一人，三人直线而上，最上面的一人离地有5米多高。而且，前面还抱着一人，后面又挂着一人，左右各插着一人，左右两人的两只脚还向外伸着，像两只翅膀，前、后、左、右、上、下共有七人组成古代牌坊形象，这些都是两至六岁的小孩，有的还是女孩。抬会人随着锣鼓的节奏，欢快地移步。整桌会桌晃晃悠

《叠罗汉》

悠，高悬在空中的小孩，却面无惧色。

观众可是把心提到了嗓子眼，为他们捏出了一把汗。有的小观众双手遮住了眼，只敢透过指缝悄悄地看。有的干脆大叫一声，一头钻进了母亲的怀里。

凌空之险

浦江迎会的高悬之险，加上凌空，确是险上加险。

如取材于古代传说《白蛇传》的《许仙借伞》，展现许仙与白娘子在西湖边相遇，青蛇使法促使他们相识相爱的情景。其造型是借伞的船家凌空悬挂在划桨上，而划桨本身是由小演员不停地摇晃着，看上去没有固定点。险就险在这一造型随时都使人感到船家要从空中掉下来，但却没有掉下来，这便是艺术。《许仙借伞》取传统之长，结合现代科学，合理造型，在制作上，做足

《许仙借伞》

了惊险文章。

人多之险

大凡会，站会演员少则一人，多则不超过四人。但浦江迎会中的《蟠桃盛会》突破传统，打破常规，勇于创新，敢于立异，一桌会上竟凌空悬着十八人，须十六人一批，分两批，共三十二人抬会。该会桌以"立鹤展翅欲腾飞"的造型，采用疏散、腾空手法，使有限的会桌发挥最大的空间，把人物疏散腾空到空中及会桌四周边沿外，展现给观众的场面是：

立于仙鹤顶端的王母娘娘一手握着腰间的玉带，一手提着云帚，仪态万方，握着宝掌扇的俩宫娥分立两旁。老寿星扶着龙头杖贺寿，捧蟠桃的仙童仙女齐上，财神爷胸前的大元宝金光闪亮。七位仙人同时跨立鹤上，仙鹤翩翩展翅欲飞翔。摇着芭蕉扇、挺着个大肚子的钟汉离腾空站立于吕洞宾左肩背上的宝剑顶端。铁拐李一手提着个大葫芦、一手拄着拐杖一跃跃上了曹国舅右手高提着的简板上。韩湘子玉箫的一端，飘来了手捧荷花、舞着长袖的何仙姑。肩扛锄头花篮的蓝采和一步迈上了张果老高跷的竹筒鼓上。手持法宝的众八仙同为王母祝寿，共赴瑶池蟠桃盛宴。魁星握金斗，高提笔杆和手捧着胖宝宝的送子娘娘侍立于天官左右两旁，专等法旨。天官赐福人间，喜从天降，社会和谐，国泰民安。

这么多人，呈立鹤展翅状，有高高悬着的，有凌空挂着的，场面

《蟠桃盛会》

万分惊险。

　　"蟠桃盛会"在1998年中国·浦江第二届书画节上一亮相，立即倾倒观众无数，后赴金华、杭州等地表演，同样得到一片赞扬，为此，中央电视台、《中国文化报》以"天下第一会桌"之誉做了专题报道。

　　真假难辨堪称奇

　　人纸合会的真假难辨，是浦江迎会的又一大特色。

　　所谓的人纸合会，是指在人会的基础上演化而来的真人与纸糊的假人一起表演的"迎会"。纸会是以纸和篾为原料，做成人物、道具、景物的迎会。制作者根据戏剧中的片段内容，以人物特征为原

型，用篾制作成人物骨架，外部糊纸以作神似，人物再穿戏剧服装，手拿道具。纸会的最主要部分就是进行内部设计，制作构件及拉线，暗设机关，使纸人能活动起来，像真人一样，做出各种各样的动作。

根据普查，现存人纸合会的是前吴乡马桥村。马桥村主要以锡箔加工、劳务输出为主要行业，村中社会风气较好，建立了村文化活动中心。2005年实施村庄整治工程，村民的生活环境得到了改善。马桥的人纸合会是浦江县绝无仅有的，村迎会表演队多次参加全县性文化活动。相传，马桥头迎会源于清朝，鼎盛时有二十四桌之多，几乎家家都参与制

《蟠桃盛会》被誉为"天下第一会桌"

作会桌。而马桥村人口较少，逢年过节，一时总是难凑齐上会桌表演的儿童。为了增加观赏性，艺人们又动脑筋想出了人纸合会的表演形式。人纸合会每表演一次，假人都得重新裱糊一次，画脸画道具，又容易损坏，逢雨天不能表演，相对于真人表演的迎会，演出场次少一些。马桥村的"人纸合会"曾应邀参加1988年首届国际武术节，轰动杭州，1992年浙江电视台制作了电视专题，在"调色板"栏目中播出。

人纸合会，每每亮相，便倾倒观众。一是真的小演员凌空悬着，观众很难相信，如果演员是真人的话，怎么会面带微笑，镇静自如，难道这些小孩的胆子不是肉长的吗？这是人会的险中之奇。二是纸糊的人物，不但惟妙惟肖，生动逼真，而且还会舞刀弄枪，与真演员对打。尤其是济公活佛，摇着破扇悠然自得，不时提起葫芦喝口酒，一副醉态朦胧状。这真的是纸糊的人么？谁能相信。

不信，问会桌头首去！头首笑答："真的是假的！"观众还是将信将疑，非要亲手摸一摸耳朵，捏一捏鼻子不可，边摸边高喊："真的是假的。"

真假难辨，这就是浦江人纸合会的艺术之奇。

运用力学制作巧

集险与奇为一身的浦江迎会，其设计制作奥妙在于充分运用了力学原理，凸现出一个"巧"字。难怪黄宅黄姓创会之初，称迎会为迎巧。

每当你观赏会桌时，你提心吊胆，不断地啧啧称奇，但是如果在扮会或下会时去看看，你就会恍然大悟，来一句："原来机关在这里。"机关，指的就是指会栅。

会栅的材料都是铁和钢筋，根据会桌的不同内容，打造成不同的造型，以固定演员。无论正的立、坐或侧的靠、垫、撑，都根据力学原理，才能稳固。如《叠罗汉》中的三人直线站立而上，前后左右共有四人挂着、抱着，运用的就是力学的杠杆与平衡原理。还有《许仙借伞》，巧就巧在许仙与白娘子的连接之上。许仙站立在会桌上，手拿一把雨伞撑在头顶，雨伞不停地旋转，雨伞顶端迎风站立着白娘子，观众看不到连接点。用于连接的只是根1.5厘米粗的伞柄，伞柄上居然承载着一个白娘子（一个女孩）的重量，似乎让人难以置信，这是一巧。许仙（一个男孩）居然那么轻松自如地用一把伞举着一个小女孩，莫非真是神话中的大力士不成？这当然是二巧。三巧是会栅，这些会栅都巧妙地用人物的戏装遮盖着，让观众不明就里。为保持这种神秘感，从前扮会、下会都是用竹席撑着，轻易是不让人看见的。

纸会，除前吴乡马桥村外更多地存于杭坪镇曹源村。

曹源村有一千多人口，位于县西部山区，四周群山环抱，山清水秀。该村盛产毛竹，毛竹蓄积量居全县行政村前列。金华火腿中的上品——竹叶熏腿即产自曹源一带。据《常中丞名安笔记》记载："竹叶熏腿，皮薄而红，熏浅而香，是以流传远近，弥为珍品。"

曹源村传统文化底蕴深厚，除纸会外，还有木执事、长灯、什锦班、旗伞和铳队等众多民间艺术项目。其中，威武雄壮、栩栩如生的纸会和威严整齐、闪闪发光的木执事为全县独有。曹源纸会中的人物和道具是该村因地取材，逢年过节开展祭祀活动而扎制形成的。据传，清朝乾隆年间（1736—1795年），为了纪念观音菩萨的生日和逢年过节庆祝热闹一番，当地村民就开动脑筋，用竹篾和纸扎制了纸会进行祭祀表演。一到冬季农闲季节，村民们就一户或几户人家负责扎制一张会桌，一到春节就在村里或应邀去邻近乡村表演。每年农历二月十九日，村民们都要把纸会迎到4千米外的九龙庵去拜祭，以祈求全年风调雨顺，五谷丰登，百姓平安。

曹源纸会曾因扎制精巧、形态逼真而远近闻名。它是当地村民庆丰年、求吉祥以及祭天、祭地、祭神、祭祖的传统节目，在清朝中期至民国初期盛极一时。全村共有纸会十二桌。它们是《麒麟喷火》、《兰梅纺纱》、《李密投唐》、《罗成写书》、《孙悟空借扇》、《乌龟踢球》、《水漫金山》、《茶店开弓》、《狄青比武》、《打花鼓》、《龙虎斗》、《蚌壳精》等。每张会桌都有一个历史或传统故事。其中，以《麒麟喷火》最具代表性，迎会是由麒麟开道，威风八面。曹源纸会最后一次迎会表演是在1933年，此后，因多种原因而中断。改革开放后，为挖掘、抢救和保护这一传统民间艺术精品，曹源村在县文化局、杭坪镇政府、镇文化站的大力支持帮助下，组织部分老人和青壮年能工巧匠，按照长者的记忆印象复制了《麒麟喷火》、《兰梅纺纱》、《三打白骨精》三桌纸会，且在制作技艺上比以前有了一些改进。当年农历正月十四在全县灯会踩街活动中首次亮相，一举成功。农历正月二十九，又在村里表演，吸引了邻近乡村数千人和新闻媒体记者前来观赏采访。2006年8月27日，曹源纸会代表浦江迎会（纸会部分）参加了金华市"横店影视杯"八婺十大民间表演艺术精品项目展示和评奖活动，获八婺十大民间艺术精品项目奖，其中《麒麟喷火》还单独获得八婺民间表演艺术优秀项目奖。11月3日，曹源纸会作为两个特邀表演团队，参加了义乌市第十四届农村文化节的开幕式和踩街

《水漫金山》

表演，又获成功，为村里、镇里和浦江县赢得了声誉，使这项传统民间艺术绽放出新的光彩。

浦江迎会，每每表演，频频获奖，迎到之处，赞叹之声不绝于耳，主要原因就是会桌的巧妙制作。一个"巧"字，承载了险与奇的艺术特色，使得这一传统民间艺术久盛不衰，观众也百看不厌。

浦江迎会文化的群众基础深厚而广泛，尤其在改革开放后，古老的传统和历史内涵被赋予了新的内容和形式，而显示出了勃勃生机，从政治、经济、文化各个层面显现了历史和社会价值。

政治价值：诠释信仰，凝聚人心，促进社会和谐。

记者采风

为什么迎会,迎会的功能是什么? 简单点可以概括为一句话四个字"祭神娱人"。

——祭神,浦江迎会诠释古代广大人民的精神信仰。

纵观浦江迎会的起源与发展,从黄氏一族为纪念祖先黄伟及"九龙门第"的荣耀,到纪念胡公,从黄宅全镇发展至浦江全县,历经宋、元、明、清,概而言之就是为了祭神,这是民众信仰的集中反映。古代农民靠天吃饭,土地是命根子,如遇旱涝灾害,便困难无助,所以,人们采用迎会的形式,祈盼神灵保佑一方平安,风调雨顺,五谷丰登,家庭安康。这是民心所思,民心所想,充分表达出劳动人民的美好愿望。

——娱人,传统戏剧、杂技原生形态的再现。

浦江迎会游动时,是一幕又一幕的戏剧,有历史演义,民间传说,仙道、神怪、释道等人物故事。静止时,是杂技雕塑,一个个人物造型栩栩如生。这是浙江中部和江南沿海一带,以民众信仰为特点的传统民间文化,保留了戏剧、杂技等民间艺术的原生形态,具有不可替代的民间艺术传承功能和民族历史研究价值。

明洪武年间,黄姓一族的迎巧,发展到黄宅一带的迎会,是因为当年官岩山下的五村六姓为争抢接胡公而闹起了纷争。而黄姓的恭五公一锤定音,提出"大家都不接,用黄姓的'迎巧'来代表大家共接胡公"的意见,从而平息纷争。此举增强了村与村之间的团结,凝聚了乡里百姓的人心。迎会显示和讲究的群体性，深深地烙上了从组织者、表演者到观众（人数逾千，多时成千上万）群体共识的印记，融合人与自然、人与环境、人和社会、人和人之间的各种关系，再现了民众的精神信仰，促进社会和谐。

经济价值：促进旅游，促进商业和消费，带动人流、物流，促进水晶、书画产业的发展。

浦江迎会是典型的民俗活动，集可视性、娱乐性、参与性、社会性、文化性、民族性等诸多特点为一体，早就被广大人民群众接受。这一地方的民俗活动是发展地方特色旅游很好的契机，远在古代传统的农历三月十五、十月二十，迎会就是用来引人助兴的。时代发展到今日，浦江5A级风景区仙华山开发之初，就举行过迎会活动，吸引数万观众。再如，迎会传承人张根志所在的寿溪村，

1991年广场迎会

是个偏僻的山村，平时很少有人问津，但开展迎会活动后，该村被浙江省摄影家协会定为摄影基地。每年元宵节前后，来自全国各地，甚至外国的朋友纷至沓来，此举既保护了浦江的传统文化资源，又推动了浦江旅游的可持续性开发，带动浦江的观光产业。

浦江迎会最初是庆祝"九龙门第"的荣耀，后发展成为纪念胡公大帝，改革开放以来，又演变成书画节、文化经贸洽谈会等重大节庆的必演节目之一。举办节庆活动可以让地方政府抓住地方文化产业新的发展机遇，兼顾环境保护与经济的可持续性增长，通过地方基础产业和地方特色文化的结合，吸引游客，整合产业，增加税收，促进水晶、制锁、绗缝等产业的发展。这也是浦江迎会的经济价值所在。

文化价值：保留传统习俗，弘扬民间艺术，推动文化的继承和创新。

改革开放的春风，吹出了民间艺术百花竞放的春天。浦江迎会这一古老的传统民间艺术，焕发了青春，充满了生命的活力，成为浦江县重大文化经贸活动开幕式的重头戏。许多第一次来浦江的中外嘉宾，甚至有些对浦江传统文化了解不深的浦江后辈，观看了迎会表演后，在震惊的同时，忽然明白，书画之乡浦江的文化底蕴原来如此深厚。2000年，浦江县被中国文化部命名为中国民间艺术（书画）之乡。其最显著的特色为：小邑书画多名家，山乡盛行文人画，书画爱好成风尚。

浦江书画历史源远流长，书画文化底深蕴厚，书画节格调高雅。

1995年，是浦江建县一千八百周年，经中国文化部社会文化司批准，11月18日至20日，由浦江县人民政府、中国美术家协会、浙江省文化厅、中国美术学院、上海美术馆、浙江省美术家协会六家单位在浦阳镇联合举办了1995浦江·中国书画节暨招商贸易洽谈会。

11月18日上午，在十八声铳响和国歌声中，1995浦江·中国书画节暨招商贸易洽谈会在县体育场拉开帷幕，民间艺术表演把开幕式推向了高潮。在彩旗队、腰鼓队、花灯队、彩车队绕场一周后，由黄宅新店十八条大铳、六十四条小铳、二十幅龙虎大旗、潘宅杨里执事队、杭坪曹源执事队及选自全县各地的十八班什锦班组成的仪仗队浩浩荡荡进场，紧接着分百花迎宾、八龙戏珠、翠竹银花、江南奇葩、神龙飞翔、抬阁斗艳六场进行了精彩表演。参加表演的有黄宅会桌、旌坞方灯队、溪东托盘队、吴店字灯队、寺前龙灯队、魏村花灯队、大畈马灯队、大溪长灯队等，共三千四百多人。表演队在体育场集中表演后又进行了踩街活动。

黄宅会桌成为书画节民间艺术表演中的亮点，其宏大的规模、精彩的表演，令中外嘉宾眩目，让文人墨客赞叹不已。难怪浦江成为书画之乡，原来传统文化底蕴如此深厚。

　　当迎会这一民间艺术在人民群众的心中余味未尽时，第二届书画节的迎会活动又把浦江人民的欢快娱乐、奋发精神推向了新的高潮。

　　1998年10月26日上午，1998浦江·第二届中国书画节在县体育场隆重开幕。开幕式上，浦江民间艺术精品项目进行了集中展示，表演队分仙华雄风展、丰安百花放、浦江龙腾飞、明天更辉煌四场进行了为时八十分钟的精彩表演。表演时，铳声震天，锣声锵锵，龙腾虎跃，龙虎大旗猎猎飞舞，场场紧接，环环相扣，高潮迭起，喝彩声此起彼伏，数万中外嘉宾观看了表演。而后，表演队伍沿体育场路、大桥路、人民东路、和平路、仙华路进行了踩街。浦阳镇万人空巷，十万余人观看了踩街表演。

　　尤其值得一提的是中央电视台拍摄制作了《仙华山下》、上海电视台拍摄制作了《浦江迎会》专题片，通过数家电视台的电视频道等众多新闻媒体，把"浦江迎会"传播给世界各地。同时，

远方来客

也让人们认识到浦江之所以会成为书画之乡的原因所在。

如今，浦江县委县政府把"引书画文化之线，结振兴浦江经济之缘"纳入工作目标，总结起来看，书画文化是迎会等民间艺术的延伸，中国绗缝家纺名城、中国水晶之都又是书画文化的延伸。浦江文化和经济的发展，充分显示了浦江迎会的历史和社会价值。

现状与保护

浦江县文化部门把保护浦江迎会列为工作的重中之重，在全县性的大型文化经贸活动中，积极为迎会提供一个又一个平台，充分调动迎会积极分子的主观能动性，充分发挥他们的创新积极性，同时制定了『创新就是最好的保护』的工作方针。

现状与保护

[壹]浦江迎会对外交流

　　1988年10月，杭州中国首届国际武术节开幕式，黄宅十桌会桌参加。

　　1992年2月，浙江电视台春节联欢晚会，黄宅六桌会桌参加。

　　1994年9月，海宁第二届国际钱塘江观潮节开幕式，黄宅十桌会桌参加。

1988年10月，参加杭州中国首届国际武术节开幕式

1994年5月，参加中国金华火腿文化博览会开幕式

　　1994年5月，中国金华火腿文化博览会开幕式，黄宅、马桥头共

二十六桌会桌参加。

1995年9月，海宁第三届国际钱塘江观潮节开幕式，黄宅共十桌会桌参加。

1995年10月，浦江第一届中国书画节开幕式，黄宅、马桥头共二十六桌会桌参加。

1996年5月，参加上海城隍庙庙会

1996年5月，上海城隍庙庙会，黄宅六桌会桌参加为时半个月的表演。

1996年10月，上海四川北路欢乐节，黄宅十桌会桌参加为时一周的表演。

1997年元旦，金华太阳城服装市场开业庆典活动，寿溪大型会桌、马桥头共三桌会桌参加。

1998年9月，金华金秋旅游节，黄宅二十一桌会桌及马桥头四桌会桌参加。

1998年10月，浦江第二届中国书画节开幕式，黄宅、马桥、寿溪共二十九桌会桌参加。

1999年正月十四，寿溪《蟠桃盛会》参加中国浦江元宵民俗民情摄影大奖赛活动，杭州电视台制作了"浦江九九闹元宵"专题，在杭州报道半个月。

2000年正月初一，《回龙阁》、《献艺》两桌会桌赴杭州武林广场参加闹新春表演。参加人数连什锦班共三十人。

2000年正月初二至初四，《水漫金山》、《回龙阁》、《献艺》三桌会桌共四十人赴金华黄宾虹公园，连续表演三天。

2000年春节，寿溪五桌会桌参加中国浦江元宵民俗风情摄影大赛活动。

2000年8月，衢州艺术节，马桥头三桌会桌参加表演。

2001年正月十五，寿溪《蟠桃盛会》、《卖艺》两桌会桌参加永康市闹元宵大型踩街表演。

2001年10月，浦江第三届中国书画节开幕式，黄宅、马桥、寿溪共三十九桌会桌参加。

2001年10月21日，《蟠桃盛会》参加第五届中国国际民间艺术节开幕式暨2001中国杭州娃哈哈西湖狂欢节表演，在有十七个国家共五千多人参加的表演活动中荣获"最佳表演奖"。其中有龙虎大旗六面，什锦班乐队共九十六人参加。

2001年10月，中央电视台专题采访寿溪会桌，制作了长达十三分钟的专题节目《蟠桃盛会》，并称誉其为"天下第一会桌"，参加人员九十八人。

2001年11月18日，寿溪两桌会桌参加金华银亮建筑材料装饰区开业庆典表演。

2003年3月，金华中国首届茶花节，黄宅、马桥、寿溪共二十八桌参加踩街表演。

2003年9月，中国首届药材博览会开幕式，黄宅、寿溪各五桌会桌参加。

2003年10月，寿溪《蟠桃盛会》再次参加杭州娃哈哈西湖狂欢节表演。

2005年9月24日，黄宅三桌会桌参加"横店清明上河图"金华市十大民间艺术精品展演。

2005年9月24日，马桥头、寿溪各两桌会桌参加无锡第三届太湖博览会踩街表演。

2005年9月26日，马桥头、寿溪各两桌会桌参加淳安秀水节踩街表演。

寿溪迎会对外交流

2007年6月9日，寿溪《八仙赴盛会》、《回龙阁》、《献艺》三桌会桌赴杭州参加纪念中国第二个文化遗产日表演。

2007年9月23日，寿溪《八仙赴盛会》会桌参加中国杭州千岛湖秀水节大型文化踩街表演。

2007年，寿溪《八仙赴盛会》会桌参加中国浦江第五届书画节开幕式踩街表演。

2009年春节，寿溪《八仙赴盛会》、《献艺》、《回龙阁》三桌会桌参加上海市徐汇区"长三角·迎世博·闹元宵"迎会展演。

2009年12月19日，寿溪"天下第一会桌"《蟠桃盛会》在龙泉市置县一千二百五十周年庆典暨青瓷传统烧制技艺入选"人类非遗"庆祝大会上，参加了第四届剑瓷节国际民间艺术大巡游表演。

浦江迎会参加影视片拍摄

1997年，黄宅四桌会桌参加浙江电影制片厂和香港电影制片厂合拍的故事片《辫子神功》拍摄。

1989年，黄宅、马桥头迎会参加了纪录片《仙华山下》的拍摄。

2004年1月，寿溪两桌会桌参加了电视连续剧《江山美人》的拍摄。

2004年5月18日，寿溪四桌会桌参加了横店《黄飞鸿与十三姨》电视连续剧拍摄。

[贰]濒危状况

虽然迄今为止，浦江人对浦江迎会情有独钟，但滚滚向前的历史车轮使社会不断发生变迁，导致浦江迎会处于濒危的境地。

一是数量上的减少。相对于鼎盛时的清朝，浦江迎会现仅存五十一桌，数量明显减少，这是濒危的现状之一。

二是群众迎会热情减弱。新中国成立以来，凡迎会都是政府倡导组织，群众自发组织的迎会活动越来越少。

三是管理不善。有的会桌放在公房内，没有人管理；房屋紧张的，只好把会桌放到露天场所，任凭风吹雨淋。

究其濒危的原因主要有以下几点：首先是信仰的改变。随着社会的发展，人们的思想越来越进步，越来越相信科学，用迎会来祭神保丰收、保平安的思想越来越淡化。

其次文化的多元发展，现在家家有电视，户户有广播，业余文化生活丰富多彩。

再是随着城乡一体化的推进，传统庙会取消，浦江迎会少了表演平台。

总之，少了祭神功能，仅有娱乐艺术功能的浦江迎会，面对时代的变迁、社会的发展、文化的多元，其生存与发展处在十分严峻的境地，是到了引起人们深思的时候了。

[叁]保护与发展

浦江县文化部门把保护浦江迎会列为工作的重中之重，在全县性的大型文化经贸活动中，积极为迎会提供一个又一个平台，充分调动迎会积极分子的主观能动性，充分发挥他们的创新积极性，同时制定了"创新就是最好的保护"的工作方针。

例如，农民张根志自筹资金，自负盈亏，创制会桌，给人的深刻启示就是创新是最好的保护。

现年六十五岁的张根志，身材颀长，是一个朴实中带着执著、憨厚里藏着精明的山村农民，虽急起来的时候说话有点结巴，但办事干活从来都是干净利落。他自幼爱好艺术，京（剧）、昆（剧）、婺（剧）、叠罗汉样样会，曾是浦江西部山区出了名的鼓板，并自办过剧团，当过数年的团长。

20世纪90年代中期，随着各地民间文化艺术活动日趋活跃，潜伏在张根志身上的艺术细胞开始蠢蠢欲动起来。1994年春，张根志和村里一班人在村委会的支持下，恢复了叠罗汉民间艺术，在浦江县城表演并获得了成功。1995年11月，浦江县举行第一届中国书画节暨建县一千八百周年庆祝活动。寿溪村的叠罗汉表演也被作为民间艺术表演之一列入县庆活动，但安排在开幕式之后的下午。张根志一听就急了，追着组委会有关领导，要求将叠罗汉表演列入开幕式表演中。县里领导对他说："这不行啊，踩街活动要持续好几个小时，叠罗汉演员能坚持几个小时一路演出吗？演员肯定吃不消！"后来，县里领导对他说，除非你也有像抬阁一样的表演项目，但是你不能和别人的一样，一定要有特色，这样就可以列入踩街活动了。

听了这话，张根志寻思开了：将叠罗汉表演与抬阁结合起来，不是很有特色吗？但有着十八人的剧情很难构思，封神、三国人物人们很难看懂，水浒一百零八将，人太多更没法安排。最后决定以八仙的造型加上三套头同上一台，既热闹又吉祥，男女老少看得懂又爱看。但又想到跳魁星时白脸（天官）上场手一扬，魁星赶忙就下场的情节，若把他们同置一台人家质疑时该怎么解释。张根志只得去文化馆请教权威人士。碰巧文化馆《仙华文化》杂志的周总编和黄金钱老师（原婺剧团老演员，精通戏剧，曾为他们导演过《三请梨花》等剧目）正在商量工作。原来金华市太阳城服装市场要举行开业庆典，邀请浦江有特色的民间艺术前去表演，他们正在讨论到底安排什么样的节目最合适。听说张根志要筹办十八人的大型会桌，二人顿时来了兴致。黄老师说，白脸（天官）与魁星同登一台没关系，二人上下场那是舞台艺术上的动作处理。同时提出大型会桌如果再另制作四条龙灯，可以推荐参加金华市表演节目。听了此言，张根志觉得这样的机会难得，这东风一定要借，当场就接受了任务。当问及资金等并无着落时，周总编说："根据这一创意，我们请人制图，前吴乡乡长周根良是群众文化的热心人，我们同你一起去乡政府要求支持一下，外出表演就是宣传浦江，我们也会适当地给予补贴。"于是三人骑着自行车来到前吴乡政府，乡长周根良很是赞同，由于资金紧缺，乡政府给予10个立方米的木材砍伐指标以表支持。

1996年秋，农忙刚过，张根志和村里几位热心人开始筹办大型会桌。谁知天有不测风云，在砍伐做会桌的木材时，张根志被压断了腿。张根志倒下了，许多热心会桌的村民心也冷了。躺在病床上，张根志心急如焚。当时，县文化部门已经将寿溪会桌列为参加金华市表演的重点节目。面对困难和挫折，张根志没有丝毫的气馁，他对前去看望的文化干部说："你们放心，我虽然压断了腿，但决不会影响寿溪会桌。"果然没几天，张根志在家人的搀扶下，挂着拐杖，走东家，串西家，发动村民参与。许多村民看到张根志拖着伤腿为会桌奔波，十分感动，纷纷加入到筹办会桌的行列中。张根志的妻子周竹元，既要为根志煎药服侍，还要为花匠、铁匠等师傅烧菜做饭，忙得不可开交。张根志病情稍有好转，就独自挂着拐杖买衣料，为小演员设计服装，指导小演员排练。有时候，伤腿疼得厉害，但他咬牙

坚持着，一声不吭。

就这样，经过两个多月的艰苦努力，寿溪村大型会桌终于完成了。这台会桌比一般会桌大五倍，桌子长2.4米、宽2米，由三十二名年轻力壮的青年人轮流抬着表演。会桌造型高达6米多，有十八名小演员参加表演。整台会桌表现了王母娘娘在瑶池举行蟠桃盛会，神态各异的八仙和福禄寿喜各仙同去祝贺的盛大场面，体现了喜庆吉祥、万民同乐的美好愿望。

1997年春，当大型会桌《蟠桃盛会》浩浩荡荡到金华市区表演时，成千上万的市民轰动了。巨大的会桌、众多的小演员、精巧的造型，吸引了众多观众，受到了市民的热烈欢迎，表演获得了极大的成功。看到《蟠桃盛会》带给人们那么多的喜悦，张根志心头悬着的石头终于落了下来。

巡演归来后，张根志并不满足，在细细琢磨中，他觉得整台会桌造型古板。于是，他广泛听取村民和有关人员的意见，重新设计了会桌的布局和造型，大胆采用疏散腾空的手法，精心设计了"立鹤展翅欲腾飞"的造型，把原来的二人凌空造型变为十三人凌空。会桌上，王母娘娘仪态万方，金童玉女手捧仙桃，吕洞宾肩背宝剑，神态潇洒，汉钟离摇着芭蕉扇，韩湘子弄玉吹箫，何仙姑手拿荷花……整台会桌体现出一片其乐融融的气氛。

1998年11月，在浦江县举行的第二届中国书画节开幕式上，《蟠桃盛会》一展风采，令近万名观众一饱眼福。中央电视台、上海东方台、浙江电视台纷纷把摄像机镜头定格在浦江迎会这一独特的民间艺术表演上。

2000年的春节，《蟠桃盛会》在浦江举行的民俗风情中国摄影艺术大赛上，引起了上千名摄影爱好者的兴趣。在寿溪村晒谷场上，三十多位来自美国、澳大利亚、韩国的摄影师看到大型会桌《蟠桃盛会》的精彩表演时，禁不住纷纷竖起大拇指，连声说："Good！Very good！"他们赞叹浦江竟有这样灿烂的民间艺术奇葩。当他们得知创办《蟠桃盛会》会桌的竟是一位普通农民时，纷纷赶到张根志家中，与他握手致意，说："了不起，中国农民了不起！"

多年来，张根志自掏腰包购置道具、演出服装等，已经花去五万多元。张根志说，他要争取带艺术表演队参加2008年北京奥运会开幕式表演。如果真的能参加，他就要想方设法再添置八面大锣，组建锣鼓队。

一位普普通通的农民，辛辛苦苦的农耕收入，不是用来建造自己舒适的安乐窝，而是用于文化建设，这不能不让人们感到敬佩。

这就是浦江人张根志！张根志不过是三十八万浦江人中的一个，有了这样的浦江人，浦江迎会这朵古老璀璨的民间艺术之花才能长开不败。

浦江文化部门在鼓励浦江迎会积极分子大胆革新会桌外，还积

极与全国各地开展横向联系，让浦江迎会走出县城，走向世界，并积极把浦江迎会推向影视领域。

2004年5月，浦江县民间艺术表演协会接到东阳横店影视城的邀请函，邀请浦江迎会于本月18日参加二十四集大型古装武打电视连续剧《黄飞鸿与十三姨》的拍摄。

浦江县民间艺术表演协会收到邀请函后，经研究决定，把这次拍摄任务下派给前吴乡寿溪村，主要原因是半年前寿溪会桌《三英战吕布》、《回龙阁》已在东阳横店影视城参加过三十集电视连续剧《江山美人》的拍摄。寿溪会桌接受任务后，与以往历次外出表演一样，对会桌、道具、服装等都进行了检点，从参加表演人员、伴奏乐队的落实，小演员的挑选到会桌预演、练习都作了充分准备。表演队伍到达所在地时，剧组工作人员已准备了早饭和化装场所。

小演员开始化装，表演人员忙于装扮会桌，整理服装道具。什锦班乐队调试乐器……

此时此刻，旧地重游的张根志想到了上次参加拍摄电视连续剧《江山美人》的情景，独自暗笑了起来。他记得：拍摄古装电视剧与平时的表演，在服装打扮及道具等方面有所不同。

抬会人员、什锦班乐队穿好表演服装，长头发的导演过来一看，叫剧组工作人员拿来一捆紫红色三角领带，让每个人系在领口上，遮住露在外面衬衫、制服的领口。

2004年在东阳横店参加拍摄《江山美人》

剧组相关人员给两位抬大鼓的姑娘梳了个古装头，然后把大家领到一个堆放服装道具的仓库门前，要大家把皮鞋、旅游鞋等统一换成布做的靴子。推进门一看，无数的靴子堆放在那里，简直像一座小山，尺码大小按自己的脚配。

工作人员又拿来两块红布，因会桌上《三英战吕布》的"战"字和《回龙阁》的"龙阁"二字都是简体字，就需要用红布分别遮住，防止穿帮。

拍摄开始——

京城里，人山人海，热闹非凡，有围观着做把戏演艺的，也有斗蟋蟀的、斗鸡的……喝彩声中，大街上走来了一支踩高跷的队伍，紧接着传来了阵阵撼动人心的锣鼓声，唢呐声更是嘹亮悦耳，浦江寿溪的《回龙阁》、《三英战吕布》两桌会桌由远而近，看热闹的人们顿时把大街两旁挤得严严实实。

风华正茂的两位主人公，男的手里握着一柄雨伞，女的斜挎着一长形白底蓝格粗布包袱，左手托着右腰间的包袱，风尘仆仆地挤在人群中看热闹。

会桌上惊险奇特、凌空飞舞的造型设计，小演员们童趣天真的精彩表演，着实令人们难以置信是真人表演，浦江会桌后面紧接着永康的《九狮图》。

第一次的镜头不理想，重拍。因此表演者又退到原处，重整锣鼓再来一遍，还不行，再来！共反复了四次，总算成功，导演满意地检验迎会镜头，忽然间发现街道右前侧二楼窗口上，有一位穿着西装领带的男士正欣赏着迎会表演。因此又得全部重来一遍……

张根志正想得出神，导演喊开始，他也没听到，直到主演黄飞鸿的香港著名演员刘家辉身穿长袍，轻轻地拍了拍他的肩给以提醒。清醒过来的张根志忙不迭地高举双手，向迎会队伍高喊开始。于是，《回龙阁》、《卖艺》、《长坂坡》、《双枪陆文龙》一一进入镜头……

寿溪村的山民，通过迎会上过电影电视屏幕的已超过百人。对于他们，也许这是件一生一世最难忘的事。

浦江迎会，通过影视传播的除上述两次外，黄宅人会与马桥头的人纸合会还参加过电影《辫子神功》、电视专题《仙华山下》的拍摄。

事实证明，浦江迎会继承传统，不断创新，这一非物质文化遗产之花一定会越开越鲜艳。

附录

青山岩迎会赋

（清）宋琦

长陵故里，浦邑名区，烟村稠密，蓓屋萦纤。处处芳菲交错，亭亭锦绣平铺。选择良辰，订会期于十月；卜迁灵境，联古社于七都。原夫会之所由起也，奔涛冲余，洪水连绵，祈求致敬，叩祷弥虔，望神恩之保佑，思圣意之悯怜，装佛座于青山岩上，启琳宫于乌蜀溪边。会聚于何时？系明正统登基之后。会兴于何日？在吴文彬归隐之前。如会同乎？永定天干之己岁；大都会也，适逢花甲之酉年。想其各费心机，共营花剧，景集幽邻，彩分荒驿。赛智慧于今兹，聚群芳于古昔。一枝梅上，妖艳堪探；百花丛中，纷华可摘。孟良则悬索牵绳，遇春则举枪持戟；沛公执剑，白蛇屈斩以夷犹；刘海戏蟾，青钱高悬而投掷；杨太爷困围古寺，身步云梯；白牡丹超往瑶台，足穿仙鞋；婚缔仙女，庆钱树之滋荣；扇借牛妃，怕火山之燔炙；蓝生莲蕊，救母佳儿；笔化龙蛇，梦元嘉客；破天门阵，木莺之计宏深；过凤凰山，白袍之功显赫；华山之棋声幽静，倏忽输赢；水仙之伞影高张，仓皇假借；凌云远驾，曾追东方朔之桃；插翼高飞，足解西伯侯之厄；刘志远镇收珍怪，宝剑扬威；达摩师超度观音，慈航翁辟；抡元万化，访铁拐于仙桥；拾翠花姑，遇洞宾于云陌；当年苏武，雁足传书；昔日关公，炉香遗迹……美景何堪尽述，略描会意以抒怀，芳情自此弥赊。总著会名，而悦绎于斯。

　　时也，云含彩色，日透霞光。阳春和煦，冬月清凉。新胡公之古庙，聚十载之会场。仿佛赤城红敞，依稀贝阙铺张。足立纸山，婴儿敷粉；手持铁戟，童子添妆。洪、缪、金、曹，户外频闻丝竹。祝、周、宋、柳，台前齐奏宫商。一十二姓之中，锣声远镇，二十二村之内，旗影高扬。无比山前，丛舒美景。镇陵桥上，布满余芳。此明朝之旧例，永留传于通化之乡。

　　于是，观者忙步弓鞋，频临玉趾，同裹糇粮，各携行李。过一枕之山，渡三歧之水。豪华公子，夸三楚之名流；放浪才人，集五都之佳士。前者呼，后者应，耳闻一曲歌谣；近者悦，远者来，踏遍几番街市。翘首而寸心暗想，拍手攀肩；静观而双目凝神，交头接耳。东西南朔，不远千里而来。工贾士农，襁负其子而至矣。又有深闺淑女，绣阁名姝，曳长袖，飘轻裾，颜楚楚，态徐徐。窥芙蓉之镜，佩琼玉之琚，携手同行。唤小姑以徐步，与汝偕往。随阿母而登舆，向石径以间行。金莲颇小，凭画阑而轻倚。玉手频舒，拾级先登，璀璨之罗裙轻动；卷帘远眺，秀莹之花髻光梳。倏见日之夕矣，旋思归兴！

余也，时运不齐，命途沉痼，年华已近七旬，事业未展一步。钟期虽遇，愧无流水之音。杨意频达，总少凌云之赋。瞻白发之满巾，尤思步青云之路。况乎胜景当前，良朋满席，神为之怡，性为之适，而生平之抑郁于怀者，至是而不觉尽为之变易。

颇斯会也，前乎吾而观者，当不知几万人，前之人其同于吾者抑不同于吾耶？后乎吾而观者，又不知几万人，后之人其异于吾者抑不异于吾耶？乃嘱笔而作歌，曰："一十二元兮，天地无穷，十年一会兮，今古何终！但期千载长相会，四海安康岁岁丰！"

（原载《民国浦江新县志》卷二十一，张文德点校）

[贰]浦江迎会散记

古老的青春（记一）

张文德

我也算得上老文化人了。国家"十一五"前后，从报刊上见到全国首个"省级非物质文化遗产名录"在浙江诞生的报道，喜不自胜！"浦江迎会"经多方评审，也列入首批代表名录，更是感慨良多。

浦江迎会，是一种造型艺术。它以戏曲、传说故事为内涵语言，杂技技巧作为图像魔幻构思，纯真的孩子为表演者，三者融会完成了完美的人物造型（或人纸造型）。而具有民族风格的坚实而精美的阁楼式方桌，让这组造型固定于这个载体上。此载体可停可行，行则有杠可抬，四人或八人；停则阁楼方桌有四脚，脚形仿狮虎，雄迈沉稳。我每每为浦江先人的创造智慧折服，而感叹读孔孟书的圣贤之徒，对此竟视而不见，舍不得用一些笔墨为它写记作传。

我编《浦江县文化志》时，查过一些辞书如《辞海》、《中国百科大辞典》等，都未见"迎会"这个词条。这或许说明浦江民间这一有轰动效应的"迎会"，因其流传地域不广，未进入公众视野。东阳、兰溪等周边县有与之相类似的"抬阁"，但似乎不及浦江的吸引力大，所以浦江人民的创作专利就这样获得了。

《汉语大词典》有"迎会"词目，那是"迎神赛会"一词的简称。而浦江"迎会"这一名称，虽然出于"迎神赛会"祭典，却与迎神赛会活动若即若离。在浦江百姓眼里，迎会形式独特，艺术构思巧妙，因而不经意地脱开了那个迎神的母体，专指其独特的"造型艺术"，被百姓所接受后，便似魔术一般具有磁场性了。

有句俗话，物以稀为贵。如今浦江迎会列入了"国家非物质文化遗产名录"，我感慨良多，差点埋葬在历史废墟中的浦江迎会终于被主流社会认同了。"迎会"不是垃圾！"文化保护工程"在浙江实施，是合时宜的。这说明浙江建设文化大省的决策，是从浙江历史文化丰富的实际出发，体现了现实的迫切需要。浙江省对重大的精品文化给予扶持研究，对民间的民俗文娱性文化给予保护抢救、挖掘开发，也正显示浙江文化建设的发展是实实在在的，走到了全国领先位置。浦江县文化主管部门积极行动，为"迎会"的申遗做了许多实在的工作，包括文字资料的搜集整理。基于这么个好时机，我不辞谫陋，愿为之拾遗补缺，敲几下边鼓，助阵于古老的文化春天来临之时。

永不消逝的一幕（记二）

第一次观看"迎会"，也是最后一次看"迎会"，大约是在1933年，那时我尚处于童年。我观看的是黄宅的"人会"，人们去城中祭祀黄将军。黄将军，名苾，隋开皇九年（589年）丰安古县撤去，派黄苾率军戍镇浦阳江之阳，即今浦阳地，浦阳成为黄苾将军官邸宅舍。黄姓的子孙在浦江繁衍生息，并在旧宅建祠。今黄宅人即将军子孙，为浦江一大族矣。

黄宅的"人会"，新中国成立以后，来城迎过一回，我没看。浦江第二届书画节（1998年10月），迎会再赴盛会助热闹，我家就住在街口，还是没有出门观瞻。请不要误以为我厌看，恰恰相反，我那第一次童年看会，印象太好了，看过一回，已在脑海留下深深印象，清纯、美丽、神奇，够享受一生了。人生难得一回看，仙姿怕遇二次面。我以为再看两遍三遍，人是要折福的。

记得那年是嘉禾登场后的秋日。黄宅的会桌经大许、章店、蒋村，沿公路进城。消息早半个月已在村中传得沸沸扬扬，而大人们的议论描绘更撩拨了孩童们的好奇心。妈妈说，会桌经过的时间大约在"市兴"时。那时农家尚无报时之钟，判断时间借助屋檐间阳光射影和市场贸易的人流动向。可我幼小心灵上的蠢动，一如圈中小鹿。我早按捺不住，不等吃早餐，就约了邻家伙伴，满田畈撒腿跑了。到了大许村前公路边，说也怪，熙来攘往的大人小孩已经很多，而此时还不到"市初"呢！

等到听着台铳的响声，人们的眼睛齐刷刷都朝东边山冈上看，但什么奇异的景观都没出现。山峦上的松窝在晨阳斜射下，我们只觉得黑魆魆的，如同一排密密的人影。虽然田野阡陌沐浴在雾蒙蒙的光影中，别具一番旖旎，可人们根本无心欣赏。因为此时观会的男女越聚越多，钻窜在人群中的儿童欢呼跳跃，热闹沸腾，连空气中都弥漫着一片嗡嗡的震动声。

"来啰！来啰！"一阵参差的呼叫声以后，世界顿时变得鸦雀无声。

木杖铜铳炮队开路，锡件执事队、龙虎大纛、矗天云旗、蜈蚣旗组成的旗队一一走过，好大的气魄！造声势的队伍在眼前走过了，接着会桌队伍来了，这才拉开了主题的一幕。会桌上至少有两个童子营造成某一戏剧故事中奇特、惊险的场景。会桌高约两米，因为由成人抬着，总高要在三四米，即相当于一个楼层那么高。抬杠行进，杠亦悠扬，童子亦悠扬，十米外的人群都能看得清楚了然，于是勾魂摄魄，人群的心飘飘然，恍若走入什么人间仙境！

　　但见每个童子都粉雕玉琢，十分俊美，穿的是特制的戏剧舞台服装。女娃娃画眉敷粉，插珠花，着罗裙，如传说中的九天仙子。男娃娃，有穿长绸衫，着粉底靴，发巾垂额，俨然古代秀才。有短打密扣的行侠好汉，有靠子盔头、背旗翎毛的将帅，人才纷呈。据说，挑中谁家的孩子"站会"，便是家庭的光彩，童子可受神佑、交好运，父母沾光，受人推崇。"迎会"中他不须抬杠，只须随会桌走。一手提篮，内装糕点食品；一手握长叉杆，在小孩需要进食时，用叉杆举上去，递给孩子。

　　每会桌前还布置香桌一张，由另两人抬着，其杠具是两条长竹竿。香桌当然用桌子，不是方桌，是八仙桌的一半，俗称"拼八仙"。桌上主供一鼎盘龙铜香炉，内插三支又粗又长的樟屑香。为了陪衬，以示对神祇虔诚，香炉之外，还可随意摆放花瓶、画屏、画插、古玩、根木雕艺等物。香桌重量十几市斤，为显示悠悠扬扬，抬杠者必须颤动腰肢。比起台阁式会桌抬杠者，香桌抬杠者未必轻松多少。

　　会桌后，必有一班什锦班相辅以行，一路上时吹打，时弹拉。喇叭咿呀，弦管徐扬，空气中美之韵、香之情，更添迷恋。

　　黄宅会桌共有二十余桌，每一会桌必须如此组合，由一个族中支派独立承担。

　　二十余会桌，不可能都记忆深刻。其中四五会桌，六七十年来，一闭上眼油然浮现，虽然当年那会桌上的俊美童子，如今不作古的话，也已成耄耋老者。

一桌《渭水河》：头戴反舌羊帽的姜子牙，肩背一支细细的长钓竿，竿子梢段一端，站了一人，少年英武，那是周文王，是为儿子武王灭商奠定基础的人物。他招贤纳士，听说在渭河垂钓的老头姜子牙贤能，乃治国良才，便亲自拜请，并自己拉牛车把姜子牙请回岐山。周文王对姜子牙言听计从，周国得以强盛。这个故事当然是后来得知的。那时的我只觉得一悠一悠的竹竿上怎么立得住一个人呢？怎么能不掉下来？太神奇！

又一会桌《武松打店》：一个美貌女子，右手叉腰，左手举过头，握住托盘一端的边角。那托盘就是农村有客来时，主人盛茶酒杯盏的长方形木质托盘。有一男童，一只脚立于托盘上端，另一脚凌空飞起，腿胫成曲尺形，有惊无险。下面的女子当然是母夜叉孙二娘，立在盘角上端的则是武都头武松了。

再一是《岳飞单骑战兀术》：岳飞背旗翎子，身着盔甲大靠，手执钢枪，立于会桌之间。当钢枪斜出刺向兀术时，兀术也执钢枪接战。两枪交叉，交叉处系了一条红巾，应是借以固定用的。但见岳飞英武猛烈，轻而易举地把金兀术凌空挑了起来。兀术也是背旗翎子，武将打扮，面部还套了个金色的大鼻子模具，很是滑稽。这位兀术将军因为是被凌空挑起的，双脚虚虚荡荡没个支点，只能靠双手紧紧抓住钢枪把子，才免得掉落地面。这一造型的惊险情境最引人入胜。

第四会桌是《游湖》：许仙举伞，轻松自如，十分得意。伞是张开的，油纸为面，竹条为骨。从下往上看，但见油纸小伞玲珑透明，白娘子轻轻地站在伞面上，一手握红巾，前后摆动，如行走状。一把伞托起了一段千古情缘，极有诗意。

第五会桌是《游龙戏凤》：正德帝风流倜傥，手摇纸扇。金凤姑娘就兀自立在正德帝手中的纸扇顶上。这把纸扇不知何以能撑起一位女娃娃？当今天子，轻而易举地把一个天真的民间姑娘玩弄于纸扇上，倒是讽刺到家了。

现如今我当然得知这种奇妙的造型，是借助于铁件构造，俗称"会栅"。其实儿童在会桌上的各种形态都是安全的，并且撑、靠、垫都有掩藏于衣饰道具中的铁件连接着。经过一段时间的预演、适应与调整，才出村赛会。但当我儿时第一次观看时，并不得知里面埋藏机关。天真烂漫

《游龙戏凤》

的我，认为那一切魔术般的幻象都是真实的，因而着迷了，看了一眼还想看第二眼。于是随着行进的迎会队伍，在田垄、田坎、畦沟间，跳跃跟跑。摔倒了，滚一身泥，爬起来又跟，两眼紧盯着一尊尊造像，恨不能与他们同行。也不问他们进城娱何种神，那神跟我有什么关系！

回家时，已中午时分。妈妈怪我鞋子、裤管都沾了泥巴。"快吃饭吧！"妈妈说。我这才记起今天连早餐都未用呢！儿时的第一印象特甜特美，无怪乎至老不忘。

难得的残卷（记三）

照说浦江民间迎会如此牵动民心，地方志书或文人笔记中应该留下少许文字资料的，可惜我未曾见到。清代以前，官府敬鬼神制仪很周到，什么祭孔呀、祭社稷坛呀，却无视民间的活动，就连极盛的戏剧活动也同样遭到鄙视。到了钟绿洲先生主编《浦江民志稿》时，情况稍有变更，因为他受过维新思想的熏陶，有了初步的新派思想，对民生这方面略有注意。虽是点滴，仍不失珍贵的价值。特作摘录：

"八月以后，东乡官岩山香市极闹，诸暨、义乌一带及本县（民）都来拜胡公，尤以八月十三日（农历），许多地方因是日是胡公诞辰，各处演戏，西乡、北乡及南乡之转岩皆有之。而以官岩山傍近村庄为最闹。除演戏外，如黄宅一带于十二、十三两日'迎巧'，俗谓之'迎会'，人山人海。惟几年一迎之。"（《民国志·时节》增补55页）

以上是最早见于地方文献的有关黄宅村"迎会"的记载，有两点值得注意：一、名称，"迎巧"是正名，"迎会"为俗称，不知何据。以本人考查，"迎会"是由"迎神赛会"一词缩写而成，应该是正名而非俗名，"迎巧"两字倒是没出处。是否因为会桌构思是那么的精美奇巧，以"奇巧"之作参与了迎神赛会，百姓就这么称呼了呢？也就是说"迎巧"突出个性，将敬神的虔诚心意凸显了。二、"惟几年一迎之"语，值得玩味。为何？如此隆盛的"迎会"，成本高，费心费工大，不是说要迎会就迎会，呼之即来的。

又一节，见68页：

"十月十一日至十四日，通化乡（浦江清代政区图：通化乡由六都至十二都组成乡的辖地——笔者注）青山岩胡公殿有时节戏四昼夜；'迎会'两日：十二日，自长陵祝迎至横溪；十三日，自横溪迎至长陵祝。十里间，人山人海。十年举行一次。"演戏则每年届时均演四昼夜。而迎会则不然，须十年一迎（另，六十年一大迎——笔者注）。

以上两节均以"迎会"娱胡公。胡公，名相则，永康人（963—1039年），北宋端拱二年（989年）进士，是北宋时期金华地方第一名入仕者。胡则事宋太宗、真宗、仁宗三朝，曾以谏议大夫知杭州事。明道元年（1032年）江淮大旱，百姓饿死者甚众，胡则知道这情况后，便向朝廷上疏，要求免去江南各地丁身钱（以丁户征收赋税钱——笔者注），诏许。衢、婺二州之民感胡则恩德，立庙祀之。永康方岩最著，浦江地方多处建胡则祀庙，俗称"拜胡公"。官岩山、青山岩的胡公庙就是这个来历。

《浦江民国志稿》还刊了一篇《青山岩迎会赋》，作为民俗文化的历史见证，是一份十分珍贵的资料。因《浦江民国志稿》编纂后战争频仍，未曾刊印。20世纪80年代新编《浦江县志》，有关人员在公安局旧档案中陆续发现绿洲先生之手稿残卷，由县志编委会办公室誊缮后誊印了几十部，以作为工作资料。此稿流播甚少，见者不多。本人参与编纂新县志，发现《青山岩迎会赋》一篇，特将该文标点分段附后，便于传播阅读。因无第二稿本，不能作校对，所以篇中个别词语难释义者，无法辨正，读者见谅。更想秉此机会，将我见在此说三道四，敢犯唠叨之嫌，诟辱在所不顾了。

《青山岩迎会赋》作者署名宋琦。不知他家住哪个村，但文中有"联古社于七都"一句，我推知他是宋宅人。宋宅在清代政区图中属七都三图，而横溪（即蜀山）属七都二图，长陵祝划入七都四图。他应为七都人，是"迎会"联社责任村中一员。我查了道光年间科第诸贡名录，名录中未见有宋琦者。足见宋琦虽通翰墨，但没有获得朝廷认可的科举名分。此文写于道光己酉二十九年（1849年），那时多少猎取功名者不屑写民间迎会等俗事，大约进了孔门便是儒生，是为圣贤立命的。宋琦没有这等意识束缚，因此留下这篇赋章。赋云："余也，时运不齐（济），命途沉痼，年华已近七旬，事业未进一步。""胜景当前，良朋满席。神为之怡，性为之适，而生平之抑郁于怀者，至是而不觉尽为之变易。"什么"变易"呢？他"抑郁"之情"变易"。"变易"何来？与村民想到一处，"但期千载长相会，四海安康岁岁丰"。胡公神灵长在，保佑一方百姓，岁岁年年得保丰收，食果腹、穿护身，家庭安康，知足常乐。百姓之乐便是他宋琦之福，他原本未曾离土，是农民的一分子。（按，宋宅乃宋濂裔孙宋姓繁衍的村庄，宋琦当是宋濂后代。）有一篇赋文足以传世了，宋琦先生，你好！

青山岩迎会的动机为祈福保安康。因为山上有庙祀胡公，这胡公生前知民瘼疾苦，死后当然成为了可靠的保护神。农民立命之所凭者，是土、是田地。横溪、宋宅、长陵祝一带有梅溪贯流，这梅溪有时候"奔涛冲余，洪水连绵"，毁了田地作物。农民非常无助，只得到神的面前恳请"怜悯"，"望神恩之保佑"，所以在青山岩建造琳宫琼宇，供胡公神座。这是赋文首节所描写的情景。

宋琦《迎会赋》描述会聚、会兴、如会、大会的一节，有关于浦江民间迎会历史的记述，值得重视。赋云：

会聚于何日？系明正统登基之后。会兴于何日？在吴文彬归隐之前。

　　"会聚于何时",这里问会之聚,联系上文"卜迁灵境,联古社于七都",指建造胡公庙之会。就是说青山岩发起造庙的组织——"会",始于明正统时。因此青山岩胡公庙享有久远的历史,即使到宋琦撰写《迎会赋》时,亦经历了近四百年的岁月。"会兴于何日?"此句的"会",是"迎会"的"会"了,"在吴文彬归隐之前"。《吴文彬传》见《光绪浦江县志稿·明代正文政事》,他生活的具体时间暂时无考,序列与义门郑媲一起,最迟应是明成化前人。所以可断定青山岩迎会兴于明代中期。

　　接两文句后,赋又云:

　　如会(期)同乎?永定(订)天干之己岁。大都会也,适逢花甲之酉年。

　　如会:去迎会。"同"字前疑"期"字。第一句问去迎会的日期是否有约定,永定于天干逢己之岁。十年一次"己",便是十年迎一次。第二句,大都会,意为大集会。大集会须天干"己"与地支的"酉"相逢,就是说六十年(花甲)一次大集会。道光己酉年的这次迎会,便是大集会。"此明朝之旧例"一句,就是指此。

　　赋的第二段,描绘会桌。会桌共二十二桌,这从赋的铺叙可见。与黄宅之会桌不同,青山岩是迎人纸会。一张会桌一般为一人,"立足纸山"句可证。可想见青山岩会桌没有黄宅会桌的玩弄机巧,造型是质朴的。人物故事有历史演义、传说、仙道、神怪、释教等，反映了百姓心中追求的是什么，褒贬的是什么。青山岩上胡公庙粉刷一新，洪、缪、金、曹、祝、周、宋、柳等十二姓居住的村庄搭台演戏的，宫商齐奏，张挂彩旗的，飘散余香。与会桌相互呼应，助阵迎会盛典。

此一盛会，历史悠久，自明迄清永留于通化之乡！第四段，没有叙述百姓宰牲祭祀、烧香敬神，以及胡公神如何享受四方百姓的虔诚，神又如何地满意，尔后赐福泽于民的情景。相反的，倒是尽情铺叙闺中名姝、风流后生、村姑老妪如何走出家门，穿陌度阡，万人空巷，观赏迎会的热闹场景。迎会祭神娱神的本意淡化了。真不知十年一会，六十年一大集会，为的是娱神呢，还是自娱？"迎会"的目的，不知不觉中在演变！

起点，终点（记四）

人长了年纪，活得长了，稽古鉴今，许多事慢慢明白过来。

神鬼膨胀了，人卑微了！

神殁了，人活了！

起点，终点，神从起点走到终点，人却从终点回到起点。从敬神迎会，到文化遗产保护，保护的不是神，是人的智慧。人回归了！

笔者著《迎会》小文，悟造神历史之可叹可哀。"迎会"起源于"迎神"，向神献诚取悦，祈求多福，祛灾祛病。为了取悦于神，就用上了音乐。《吕氏春秋·大乐》载："音乐之由来者远矣，生于度量，本于太乙。"度量，指音阶音律。太乙，指天神。屈原《九歌》是祭鬼神的乐章，第一首《东皇太乙》"吉日兮良辰，穆将愉以上皇"一句中的"上皇"就是东皇太乙，为天上尊神。由此我们得知音乐的产生，一重要原因是由祭神而来的。

太乙是天神，帝王为了神化自己的地位，巩固皇权，自称是天之子、真命天子，是奉天命下界来统治众百姓的。《史记·封神书》讲的都是这个意思。"自古受命帝王，曷尝不封禅"，是说每位受命天子都要行封禅大典的。传说泰山最高，祭天就要到泰山去。上了泰山顶还得筑土为坛，叫做封土。登上坛离天更接近一层，便于向天神报功。"禅，神之也"，又说禅"报地之功"。

神的膨胀，创意者是帝王者本人。历代帝王不断需要神，神就不断发展完善。一班儒士为迎合王者的心理需求，推波助澜。他们推神鬼纳入儒学的范畴，加以宗教的仪式，使之制度化。《论语》的只言片语中，孔子就发表过关于鬼神的见解。"祭如在，祭神如神在"，又说"务民之义，敬鬼神而远之，可谓知矣"！"远之"，并非疏远，而是须知尊卑之别，不可随随便便，轻侮猥亵。《论语·述而第七》中有段精彩的描述："子疾病，子路请祷。子曰：'有诸？'子路对曰：'有之。《诔》曰：祷尔于上下神祇。'子曰：'丘之祷久矣！'"孔子遇上身体不适便要拜鬼神，而且拜鬼神拜得很久了。孔子讲鬼神未尝从理性方面开拓，宋代理学派的先生们后来将鬼神从理气方面加以理论化，阐发孔子的神鬼思想。横渠（张载）语："鬼神者，二气之良能。"伊川（程颐）则谓："鬼神者，造化之迹。"朱熹说："鬼神是这气里面神灵相似。""说鬼神，毕竟气处多，发出光彩便是神。"又说："言鬼神，自有迹者而言。言神，只言其妙不可测识。"从北宋到南宋，鬼和神这两样东西是儒学宗教中加以敬畏的东西，不由得老百姓不信。

既造鬼神，王者发觉这是支撑权力不可或缺的部分，于是就有了一套严密的礼乐制仪。用现代的话解释，便是从政府层面上加以制度化，具有法律的效应。汉代的皇权专制走到成熟的阶段，以后历代的礼乐都从此发轫。《汉书·礼乐志》："大祝迎神于庙门，奏《嘉至》之乐。"是说迎神的礼，一、必须有行礼的专职人选——祝（相当于巫，肩负人与神沟通的使命。祝分大、小祝）。二、要奏乐，乐曲是固定的，名《嘉至》。嘉，是善的意思，神是善的极致，故名。这首乐曲原本是秦人迎神曲。《宋书·乐志一》说《嘉至》这首曲子是叔孙通根据秦时乐人所制迎神之乐曲借用过来的。叔孙是复姓，名通，秦时以文学征，是儒士。秦亡，辗转成了汉高祖的下属侍臣。高祖以武力得了天下，嫌臣属们亲昵少礼，就找叔孙通来为他的朝廷订立礼仪。

吴楚七国之乱以后，礼仪未全的矛盾暴露了。作乱首领是吴王刘濞。刘濞是高祖二哥刘仲的儿子，因随刘邦平英布叛乱有功被封在吴地。到景帝时，刘濞纠合山东等地诸王犯上作乱。但景帝、吕后都无法从根本上解决这个问题。武帝即位，他废弃黄老，独尊儒术，认识到儒家这套学术最适合统治天下的需要。董仲舒不是朝廷公卿，武帝派张汤前去请教，问祭天、祭鬼神等相关的祭义、祭礼、祭器如何规范，四季祭祀时间又该以何时为宜等问题。董独尊孔子，阐述天象、星象、气候异常都由天（上帝）主宰，推出"天人感应"学说，人间一切统统由天意安排。所以人不可不祭天，天子尤甚。"天子不可以不祭天，无异人之不可以不食（供养）父（母）。"（《春秋繁露·郊祭》）还说祭天的事千万吝啬不得，"事天不备（周到），虽百神犹无益也"。献祭的牲畜务在"肥洁"，虔诚的祭祀到位了，"祭然后能见不见"，使人能够看见那平素不可能见的鬼神。除了这些祭仪外，还使献神娱神的舞乐系统化。民间"迎会"的由来，便可想见了。此后董仲舒更发展了"渎神与刑律"这一强硬武器，渎神是重大的罪过，盗窃宗庙中器物，罪可杀头。董仲舒的弟子进一步将渎神与不孝不忠联系起来。不孝本是道德问题，汉代却据以列为十恶大罪之一。反之，符合孝与忠的原则，法律可予以宽恕。《汉书·章帝纪》有一道诏书：

"父子之亲，夫妇之道，天性也。虽有患祸，犹蒙而存之。诚爱结于心，仁厚之至也，岂能违之哉！自今，子首匿（首匿：出面包庇）

父母、妻匿夫、孙匿大父母，皆勿坐（勿坐：不负刑事责任）。"

说如此做是为"符合天意"，哪怕与现行法律矛盾。由此，孔子的"三纲五常"伦理，逐步法律化了，皇权得到坚实的保护网。一句话，宗教化了的儒教，其核心作用向着封建统治，皇帝是最大的受益者。

这张网撒开有两千多年了，把普通百姓家都罗致在其中。对我个人来说，从我出生时我便在"万物都有灵"的观念支配下成长。初读小学，在乡间便视作文化人了。每逢春节，父亲叫我写"红纸"（春联），始知家庭中处处有神的存在，事事有神的眼睛监视着。祖宗神灵自不必说了，灶头有灶君神，是司命之神。猪、牛栏圈亦有守护神，写猪栏土地神位。眠床有床公床婆，门有门神土地，谷匣有仓神，还有财神菩萨、痘疯二神，连厕所也有神，叫东厕娘娘。这些地方"红纸"都得到位。到了元宵迎灯，村上迎板凳龙，要拜"灯头爷爷"，上香摆烛，拜之又拜。拜前必须洗净手面，送上"风调雨顺，国泰民安"八大字。此外山神、河神、井神、桥神、田公田婆、土地公公土地婆婆，这些不必贴"红纸"，但也必须知道其存在。父母亲是这么教的，免我渎神惹祸。父亲自己的一生肯定是小心谨慎，从不亵渎神灵，可我知道父亲这一生没交上过好运。

后来，我编《浦江县志》、《浦江县文化志》，处理以上这些民间文化，都是作为"民俗"对待的。民俗者，民间习俗，是俗文化，与雅文化相对存在。但翻看清代旧地方志，如祭孔，则称隆典，有详尽繁缛的规定，分《礼乐》、《祭仪》二章节加以纂辑。同样的拜鬼神，对比民俗之鬼神，有雅俗高下之别。说穿了，民间祭神，不能进入主流社会。明明神是主流社会中帝王与儒者造就的，可百姓崇神便是旁门左道，称"淫祀"，旧志上都记载着这样的文字，太不公道了。

现如今，帝王和神在逝去，孔子也不吃香，大成殿、学宫一一毁了。省政府下文将昔日为祭神而创制的"迎会"文化，作为一种宝贵的文化财富加以保护，只有伟大的时代才能有如此举措。我欣慰之余，不由得想起在迎会背后种种历史的起点和终点，感悟"以人为本"哲理的光辉。忽然一句佛语袭来：圆通！

神在远远地离去。

人在步步地回归！

后记

　　2005年，"浦江迎会"列入浙江省首批非物质文化遗产保护项目。在历时年余的地毯式普查和认真撰写申报书的基础上，根据县文化主管部门的工作部署，笔者三易其稿，终于完成《浦江迎会》。该书分渊源篇、特色篇、弘扬篇三大部分，共十四个章节，于2007年8月，由人民日报出版社正式出版面世。绵延近千年的"浦江迎会"，总算有了首部全面、系统地介绍迎会的历史与现状、艺术特色与制作方法、迎会风俗与风情的专著。这首先得归功于举国上下保护非物质文化遗产东风的吹拂，其次是县领导和文化主管部门的高度重视，还有编撰人员和迎会积极分子的共同努力。

　　2008年，"浦江迎会"被列入第二批国家级非物质文化遗产保护名录。根据浙江省文化厅关于编撰我省国家级非物质文化遗产保护项目丛书的要求，在原书的基础上，我们对提纲进行了重新调整，对内容进行了进一步充实。在此，对原先为《浦江迎会》一书出过力的领导和同事一并致谢。同时，对浙江省文化厅非遗处领导以及有关专家的指导和审阅深表谢忱。

　　限于水平，本书错误疏漏之处在所难免，恳请批评指正。

编者

2014年5月

本书编委会名单

主　　任　　郑文红

副主任　　徐方镇

编　　委　　周　坚　楼向阳　洪　炜　余镇海
　　　　　　周成义　朱　骏

主　　编　　徐方镇

副主编　　洪　炜　余镇海　周成义

总编撰　　周春德

撰稿人（以姓氏笔画为序）
　　　　　　王灿烂　江益清　张文德　张根志
　　　　　　郑西法　骆自立　徐　颖　黄　欢
　　　　　　黄　萍　黄遵鑫　黄新鑫　盛能义

摄　　影　　张文晖　朱叔平　朱　骏　吴拥军
　　　　　　张雪松　余镇海　郑建东　吴小杭
　　　　　　郑洪洲　赵新尧　朱祖果　朱瑞芳
　　　　　　张秀英　王　东　洪　莹　陈启兆
　　　　　　徐台虎　周金碧　戴瑞阳

责任编辑：方　妍

装帧设计：任惠安

责任校对：朱晓波

责任印制：朱圣学

装帧顾问：张　望

图书在版编目（ＣＩＰ）数据

浦江迎会 / 徐方镇主编 ; 周春德编著. -- 杭州 : 浙江摄影出版社, 2014.11（2023.1重印）

（浙江省非物质文化遗产代表作丛书 / 金兴盛主编）

ISBN 978-7-5514-0758-8

Ⅰ. ①浦… Ⅱ. ①徐… ②周… Ⅲ. ①庙会—风俗习惯—介绍—浦江县 Ⅳ. ①K892.1

中国版本图书馆CIP数据核字（2014）第223584号

浦江迎会

徐方镇 主编　　周春德 编著

全国百佳图书出版单位

浙江摄影出版社出版发行

地址：杭州市体育场路347号

邮编：310006

网址：www.photo.zjcb.com

制版：浙江新华图文制作有限公司

印刷：廊坊市印艺阁数字科技有限公司

开本：960mm×1270mm　　1/32

印张：4.75

2014年11月第1版　　2023年1月第2次印刷

ISBN 978-7-5514-0758-8

定价：38.00元